GRINDHOUSE VISIONS

2

140 CULT MOVIE LOBBY CARDS FROM ITALY

GRINDHOUSE VISIONS 2
ISBN : 978-1-917285-37-7
Edited by G.H. Janus
Published by Bonefyre Gas Books 2024
Copyright © Bonefyre World Emporium 2024
All world rights reserved

CONTENTS

AFRICA ADDIO	4
AFRICA SEGRETA	5
AFRICA AMA	6-7
ADDIO ULTIMO UOMO	8
IL DECAMERONE NERO	9
CANNIBAL FEROX	10
INFERNO IN DIRETTA	11
EMANUELLE E GLI ULTIMI CANNIBALI	12
IL MASSACRO DELLA GUYANA	13
LE FACCE DELLA MORTE	14
AUTOPSIA	15
ACID DELIRIO DEI SENSI	16-17
PERVERSION STORY	18
IL SESSO DEGLI ANGELI	19
DI PIÙ, ANOCORA DI PIÙ...	20
LSD UNA "ATOMICA" NEL CERVELLO	21
IL SESSO DEL DIAVOLO	22
UNA FARFALLA CON LE ALI INSANGUINATE	23
LA MORTE RISALE A IERI SERA	24
LA MORTE HA SORRISO ALL'ASSASSINO	24
LA MORTE CAMMINA CON I TACCHI ALTI	25
CASA D'APPUNTAMENTO	26-27
LA DAMA ROSSA UCCIDE SETTE VOLTE	28
ALL RICERCA DEL PIACERE	29
SETTE CADAVERI PER SCOTLAND YARD	30
I CORPI PRESENTANO TRACCE DI VIOLENZA CARNALE	30
IL TUO VIZIO E UNA STANZA CHIUSA E SOLO IO NE HO LA CHIAVE	31
L'ETRUSCO UCCIDE ANCORA	32
TUTTI I COLORI DEL BUIO	33
LO SQUARTATORE DI NEW YORK	34-35
LO STRANGOLATORE DI LONDRA	36
GLI OCCHI DI LONDRA	37
IL LACCIO ROSSO	38
IL LUNGO COLTELLO DI LONDRA	39
IL FANTASMA DI LONDRA	40
L'ARTIGLIO BLU	41
IL TESCHIO DI LONDRA	42
IL GORILLA DI SOHO	43
L'OCCHIO CHE UCCIDE	44
CHE FINE HA FATTO BABY JANE?	44
5 CORPI SENZA TESTA	45
GLI OCCHI DELLA NOTTE	46
LA BAMBOLA DI CERA	47
7 CALZE DI SETA INSANGUINATE	48
L'APPARTAMENTO DEL 13º PIANO	49
LA NOTTE DEI MILLE GATTI	50
IL CASO "VENERE PRIVATA"	51
L'ULTIMA CASA A SINISTRA	52-53
NON GUARDARE IN CANTINA	54
QUEL MOTEL VICINO ALLA PALUDE	55
PERVERSIONE	56
OSSESSIONE CARNALE	57
NON APRITE QUELLA PORTA	58
CAMPING DEL TERRORE	59
SATAN'S SADISTS	60
ANGELI DELLE VIOLENZA	61
CORRI, ANGEL, CORRI!	62
VIOLENCE STORY	63
LA DOLCISSIMA DOROTHEA	64
NEL MIRINO DI BLACK APHRODITE	65
EMANUELLE PERCHÉ VIOLENZA ALLE DONNE?	66
EMANUELLE NERA NO. 2	67
IL SANGUE DEL VAMPIRO	68
IL MULINO DELLE DONNE DI PIETRA	69
LYCANTHROPUS	70-71
LA MASCHERA DEL DEMONIO	72-73
LO SPETTRO	74
UN ANGELO PER SATANA	75
AMANTI D'OLTRETOMBA	76
IL LAGO DI SATANA	77
IL BOIA SCARLATTO	78
IL MOSTRO DI VENEZIA	79
LA CITTÀ DEI MOSTRI	80
LA MASCHERA DELLA MORTE ROSSA	81
DRACULA PRINCIPE DELLE TENEBRE	82
LE CINQUE CHIAVE DEL TERRORE	83
UNA MESSA PER DRACULA	84
1972: DRACULA COLPISCE ANCORA!	85
SATAN IN CORPO	86
LE ABOMINEVOLE DR. PHIBES	87
L'ORGIA DEL VAMPIRO	88
VIOLENZA AD UNA VERGINE NELLA TERRA DEI MORTI VIVENTI	89
L'ORGIA NOTTURNA DEI VAMPIRI	90
LE MANIE DI MR. WINNINGER OMICIDA SESSUALE	91
LA RABBIA DEI MORTI VIVENTI	92
LA NOTTE DEI MORTI VIVENTI	93
LE TOMBI DEI RESUSCITATI CIECHI	94-95
GLI ORRORI DEL CASTELLO DI NORIMBERGA	96
SCHOCK	97
LADY FRANKENSTEIN	98-99
FRANKENSTEIN '80	100
LA VENDETTA DEI MORTI VIVENTI	101
IL MOSTRO È IN TAVOLA... BARONE FRANKENSTEIN	102
BUIO OMEGA	103
LA LUPA MANNARA	104
L'ESORCISTA Nº 2	105
PATRICK VIVE ANCORA	106-107
UN MILIONE DI ANNI FA	108
LA LOTTA DEL SESSO 6 MILIONI D'ANNI FA	108
DINOSAURUS	109
BARBARELLA	110
SPERMULA	111

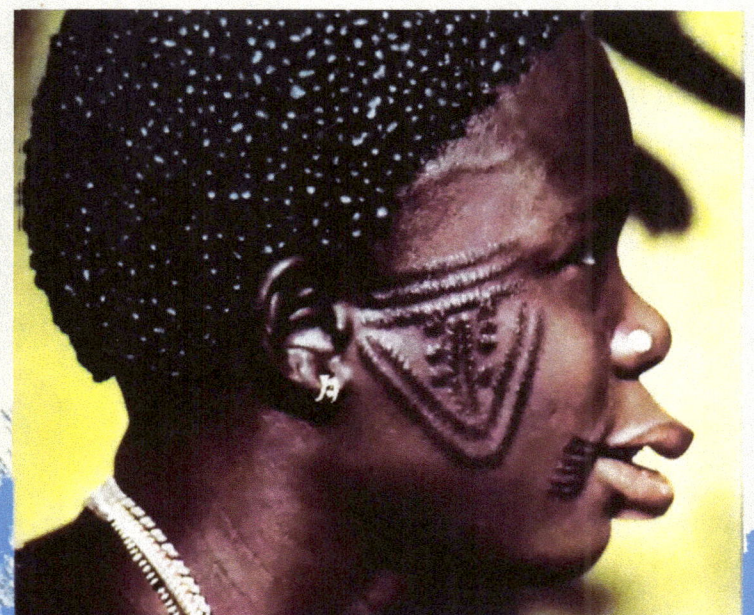

AFRICA SEGRETA
("Secret Africa")
Original Title: **Africa Segreta** (Italy, 1969)

AFRICA AMA

AFRICA AMA

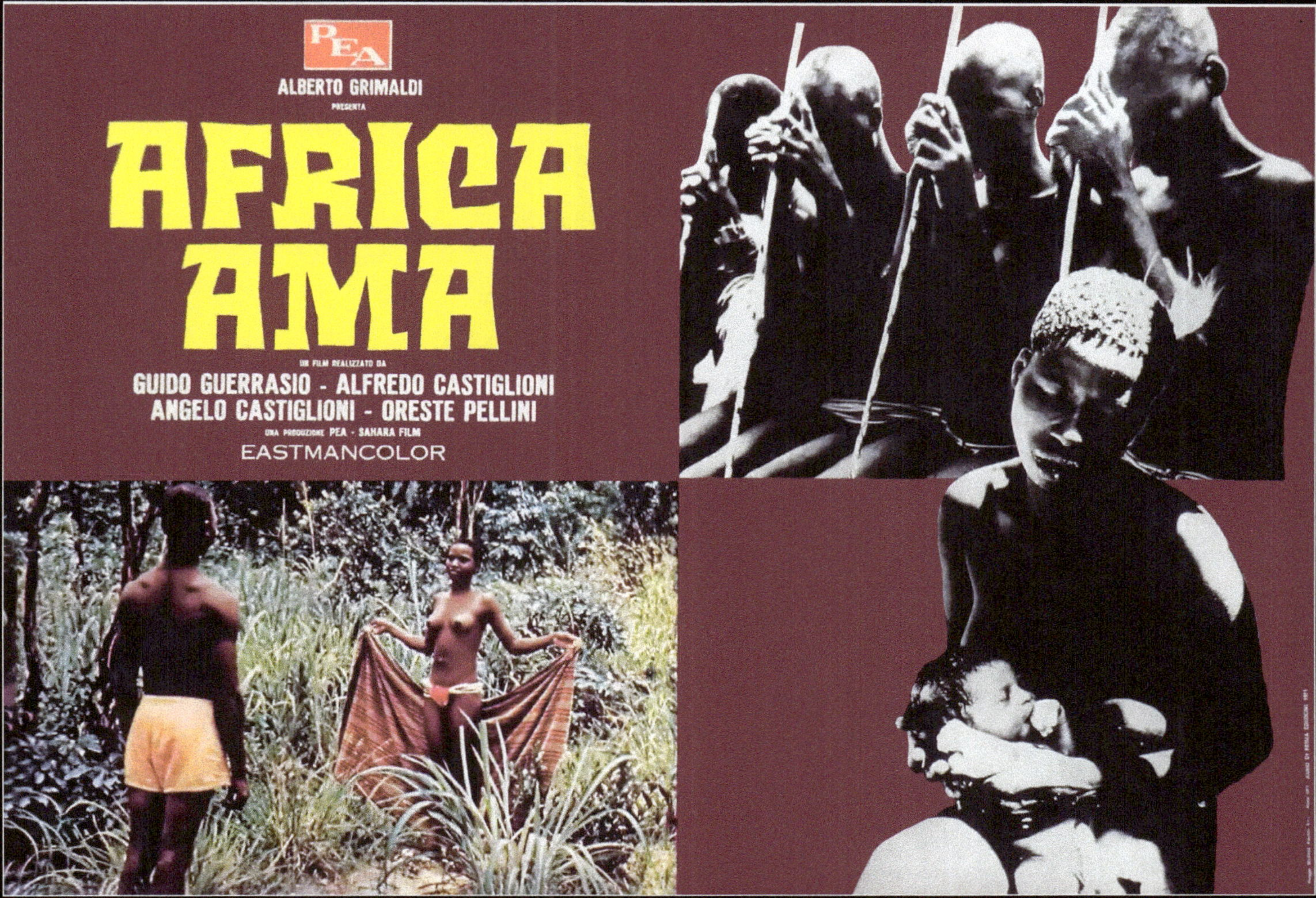

AFRICA AMA
("African Love")
Original Title: **Africa Ama** (Italy, 1971)

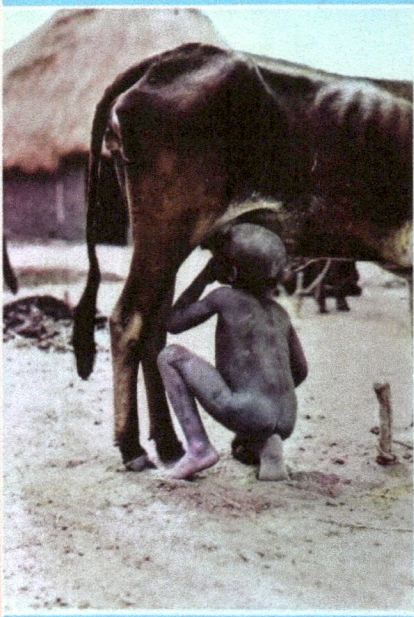

ADDIO ULTIMO UOMO

un film di **ANGELO e ALFREDO CASTIGLIONI** musiche di **FRANCO GODI** testo di **VITTORIO BUTTAFAVA**
voce di **RICCARDO CUCCIOLLA** una coproduzione PEA - Produzioni Europee Associate s.p.a. Roma CAST S.R.L. Milano COLORE

ADDIO ULTIMO UOMO

un film di **ANGELO e ALFREDO CASTIGLIONI** musiche di **FRANCO GODI** testo di **VITTORIO BUTTAFAVA**
voce di **RICCARDO CUCCIOLLA** una coproduzione PEA - Produzioni Europee Associate s.p.a. Roma CAST S.R.L. Milano COLORE

"La sensualità dei negri è una sensualità naturale"

IL DECAMERONE NERO

Diretto da **PIERO VIVARELLI**

con DJBRILL DIOP · SERIGNE N'DIAYE GONZALES · LINE SENGHOR · JOSY McGREGOR · FATOU DIAME e con BERYL CUNNIGHAM (nel ruolo della regina bella)

Prodotto da **ALFREDO BINI** | tratto da "Il decamerone nero" di LEO FROBENIUS edito in Italia da Rizzoli   **EASTMANCOLOR**

IL DECAMERONE NERO
("The Black Decameron")
Original Title: **Il Decamerone Nero** (Italy, 1972)

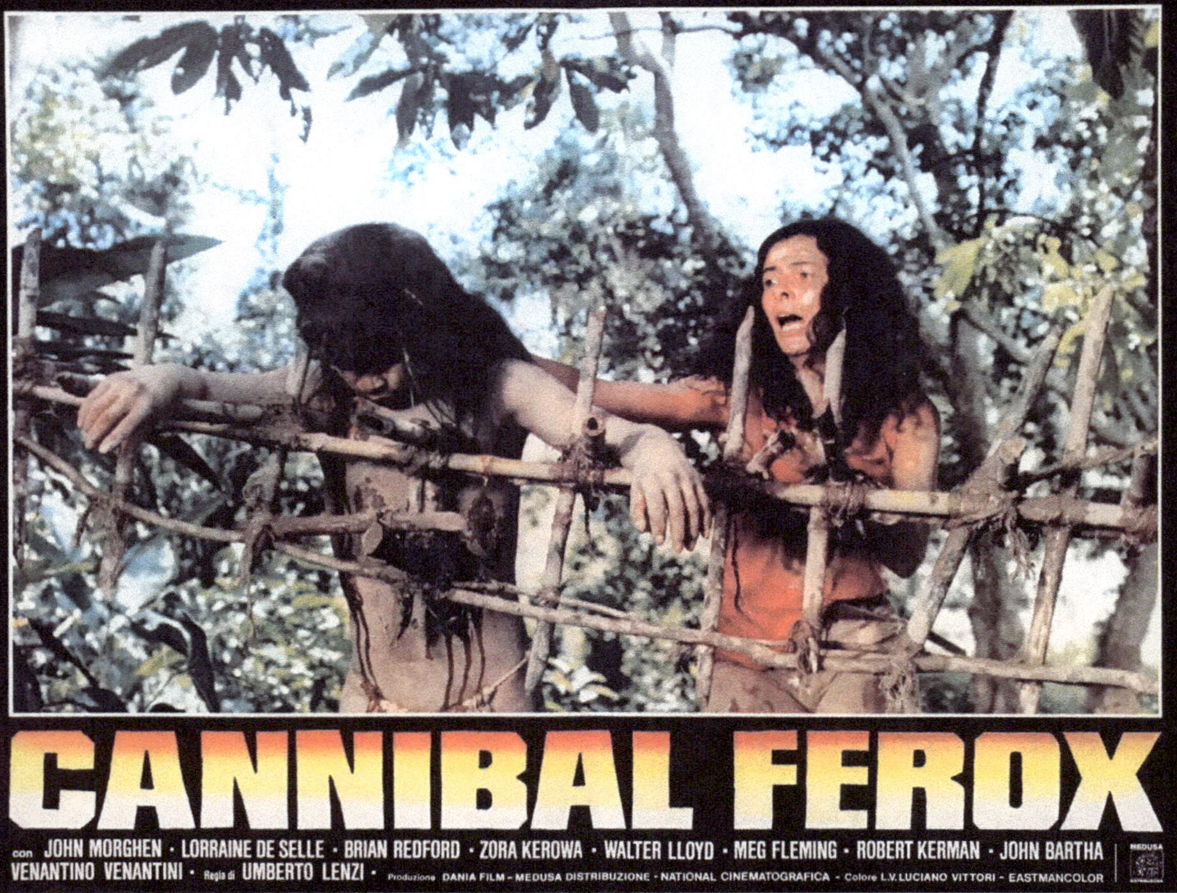
CANNIBAL FEROX
con JOHN MORGHEN · LORRAINE DE SELLE · BRIAN REDFORD · ZORA KEROWA · WALTER LLOYD · MEG FLEMING · ROBERT KERMAN · JOHN BARTHA
VENANTINO VENANTINI · Regia di UMBERTO LENZI · Produzione DANIA FILM - MEDUSA DISTRIBUZIONE - NATIONAL CINEMATOGRAFICA - Colore L.V. LUCIANO VITTORI - EASTMANCOLOR
MEDUSA

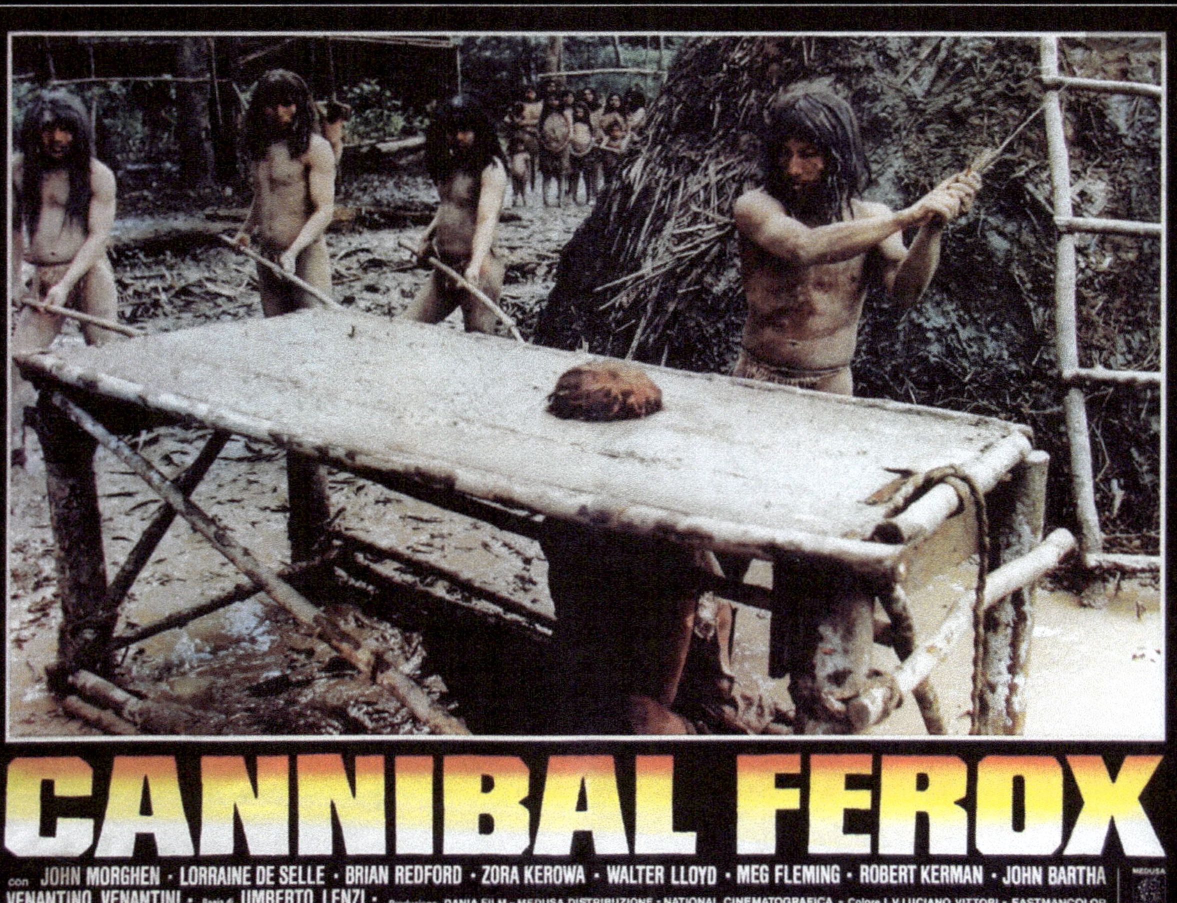
CANNIBAL FEROX
con JOHN MORGHEN · LORRAINE DE SELLE · BRIAN REDFORD · ZORA KEROWA · WALTER LLOYD · MEG FLEMING · ROBERT KERMAN · JOHN BARTHA
VENANTINO VENANTINI · Regia di UMBERTO LENZI · Produzione DANIA FILM - MEDUSA DISTRIBUZIONE - NATIONAL CINEMATOGRAFICA - Colore L.V. LUCIANO VITTORI - EASTMANCOLOR
MEDUSA

ALESSANDRO FRACASSI presenta LISA BLOUNT · LEONARD MANN · WILLIE AAMES in

INFERNO IN DIRETTA

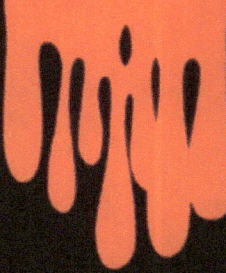

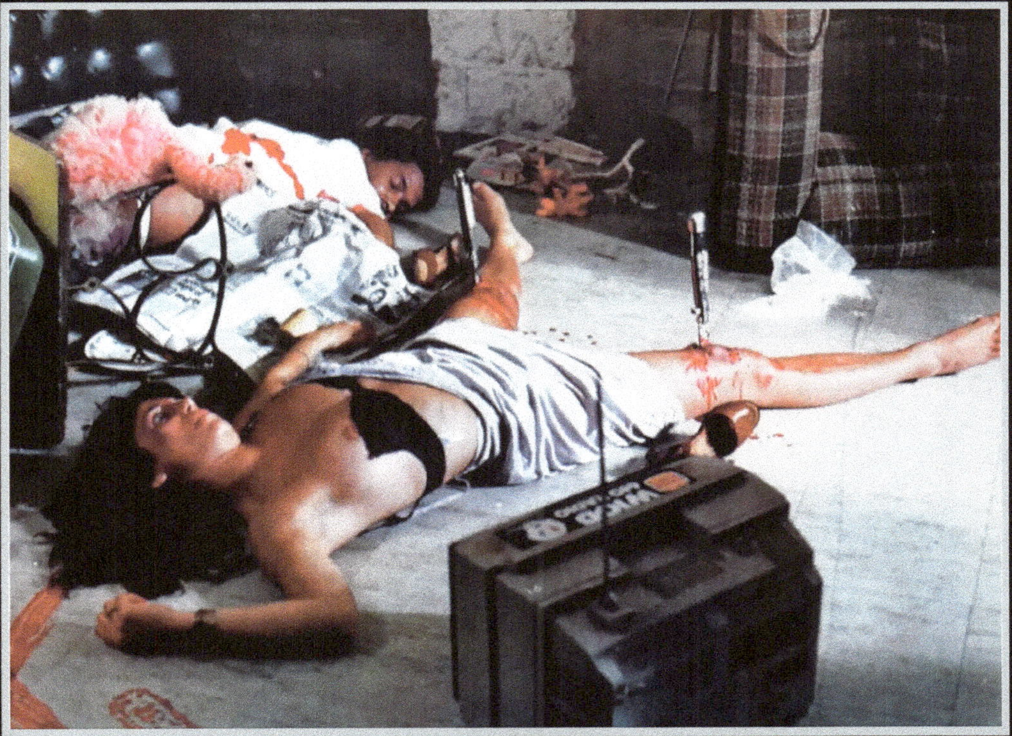

un film di
RUGGERO DEODATO

RICHARD LYNCH
RICHARD BRIGHT
MICHAEL BERRYMAN
ERIQ LASALLE · GABRIELE TINTI
con
VALENTINA FORTE
nel ruolo di «ANA»
con la partecipazione di JOHN STEINER
con la partecipazione di KAREN BLACK
soggetto e sceneggiatura di
CESARE FRUGONI e DARDANO SACCHETTI
musiche di CLAUDIO SIMONETTI
edizioni BIXIO C.E.M.S.A. SpA
montaggio di MARIO MORRA (A.M.C.)
direttore della fotografia ALBERTO SPAGNOLI (A.I.C.)
direttore di produzione MAURIZIO ANTICOLI
prodotto da
ALESSANDRO FRACASSI
per la RACING PICTURES S.R.L.
regia di
RUGGERO DEODATO

COLORE DELLA TELECOLOR

Distribuito dalla CDE COMPAGNIA DISTRIBUZIONE EUROPEA

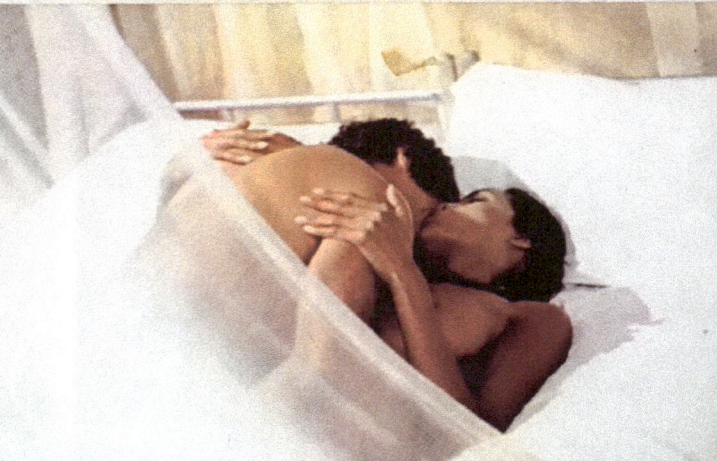

LAURA GEMSER la vera Emanuelle in

EMANUELLE E GLI ULTIMI CANNIBALI

GABRIELE TINTI · SUSAN SCOTT · DONALD O'BRIEN · MONICA ZANCHI · PERCY HOGAN
ANNEMARIE CLEMENTI · Regia di JOE D'AMATO · una produzione FULVIA CINEMATOGRAFICA - GICO CINEMATOGRAFICA - FLORA FILM ■ GEVACOLOR

LAURA GEMSER la vera Emanuelle in

EMANUELLE E GLI ULTIMI CANNIBALI

GABRIELE TINTI · SUSAN SCOTT · DONALD O'BRIEN · MONICA ZANCHI · PERCY HOGAN
ANNEMARIE CLEMENTI · Regia di JOE D'AMATO · una produzione FULVIA CINEMATOGRAFICA - GICO CINEMATOGRAFICA - FLORA FILM ■ GEVACOLOR

IL MASSACRO DELLA GUYANA
("The Guyana Massacre")

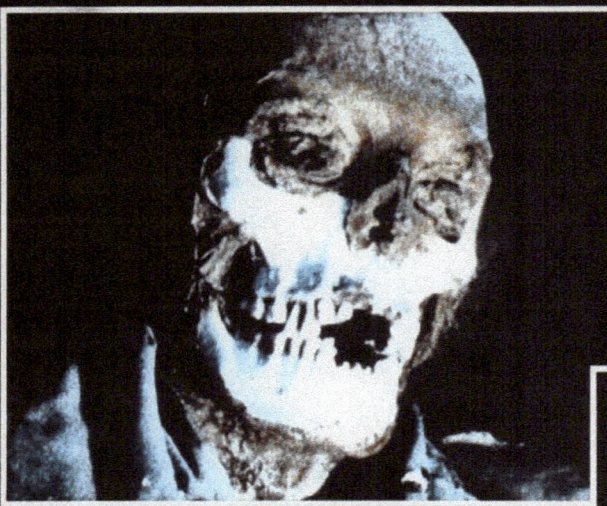

"UN FILM OLTRE L'INIMMAGINABILE"

LE FACCE DELLA MORTE

montaggio di MARIO MORRA
prodotto da ROSILYN T. SCOTT e WILLIAM B. JAMES
per la F. O. D. Production Company
regia di CONAN LE CILAIRE
TECHNOSPES

"UN FILM OLTRE L'INIMMAGINABILE"

LE FACCE DELLA MORTE

montaggio di MARIO MORRA
prodotto da ROSILYN T. SCOTT e WILLIAM B. JAMES
per la F. O. D. Production Company
regia di CONAN LE CILAIRE
TECHNOSPES

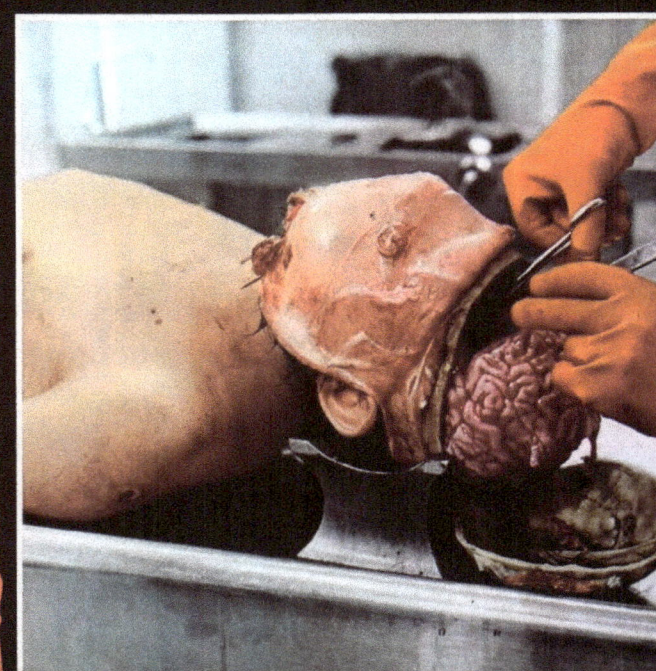

JUAN LUIS GALIARDO
EMILIANO REDONDO
MARIA JOSE CANTUDO
JACK TAYLOR

un film di JUAN LOGAR

una produzione
ZURBANO FILMS s.l.

TECHNICOLOR

AUTOPSIA
("Autopsy")
Original Title: **Autopsia** (Spain, 1973)

ACID DELIRIO DEI SENSI
("Acid: Delirium Of The Senses")

IL SESSO DEGLI ANGELI
("The Sex Of Angels")
Original Title: Il Sesso Degli Angeli (Italy, 1968)

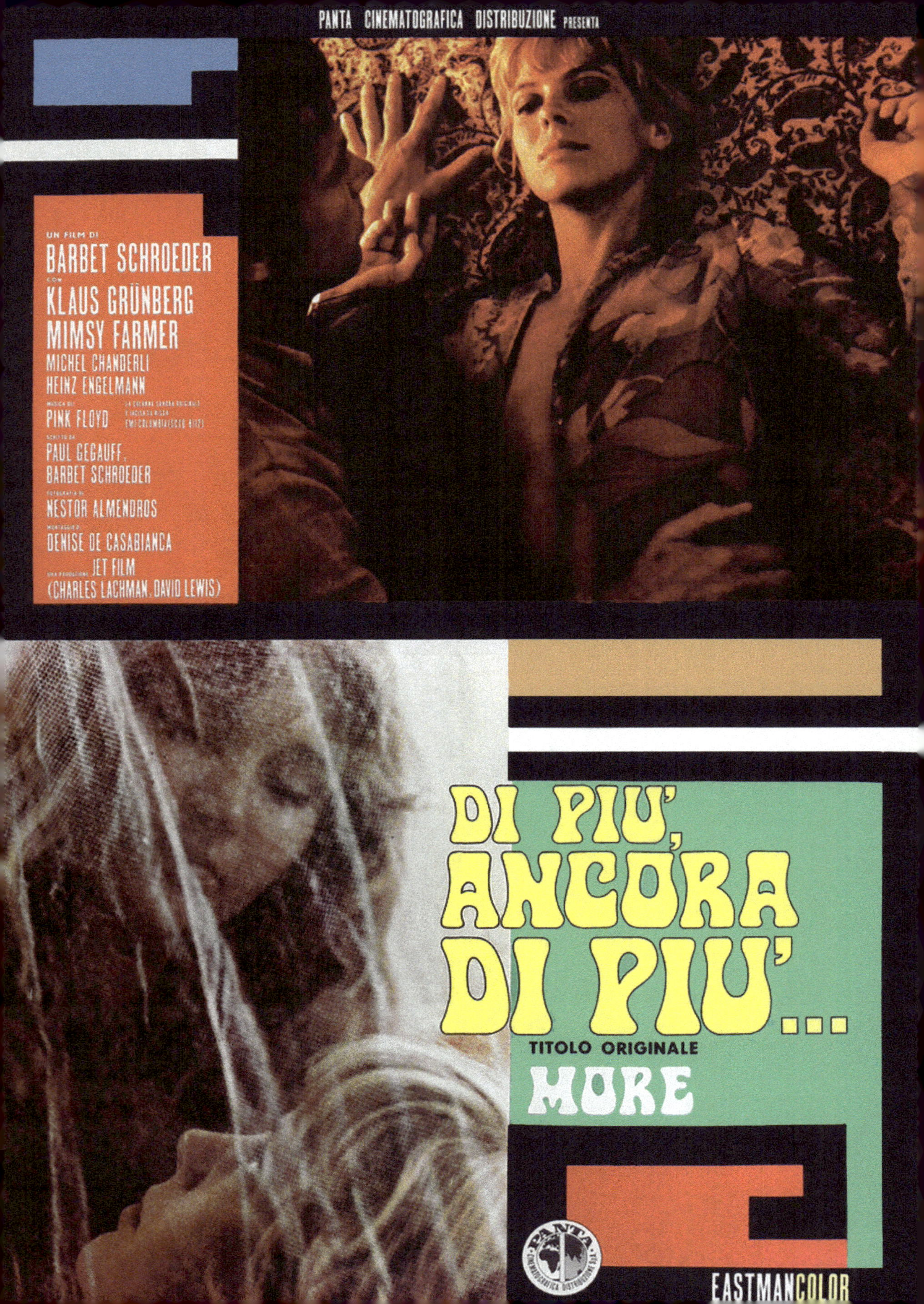
PANTA CINEMATOGRAFICA DISTRIBUZIONE PRESENTA
UN FILM DI
BARBET SCHROEDER
CON
KLAUS GRÜNBERG
MIMSY FARMER
MICHEL CHANDERLI
HEINZ ENGELMANN
MUSICA DI
PINK FLOYD
SCRITTO DA
PAUL GEGAUFF,
BARBET SCHROEDER
FOTOGRAFIA DI
NESTOR ALMENDROS
MONTAGGIO DI
DENISE DE CASABIANCA
UNA PRODUZIONE JET FILM
(CHARLES LACHMAN, DAVID LEWIS)
DI PIU', ANCORA DI PIU'...
TITOLO ORIGINALE
MORE
EASTMANCOLOR

LSD UNA "ATOMICA" NEL CERVELLO
("LSD: An "Atom" In The Brain")
Original Title: **LSD Inferno Per Pochi Dollari** (Italy, 1967)

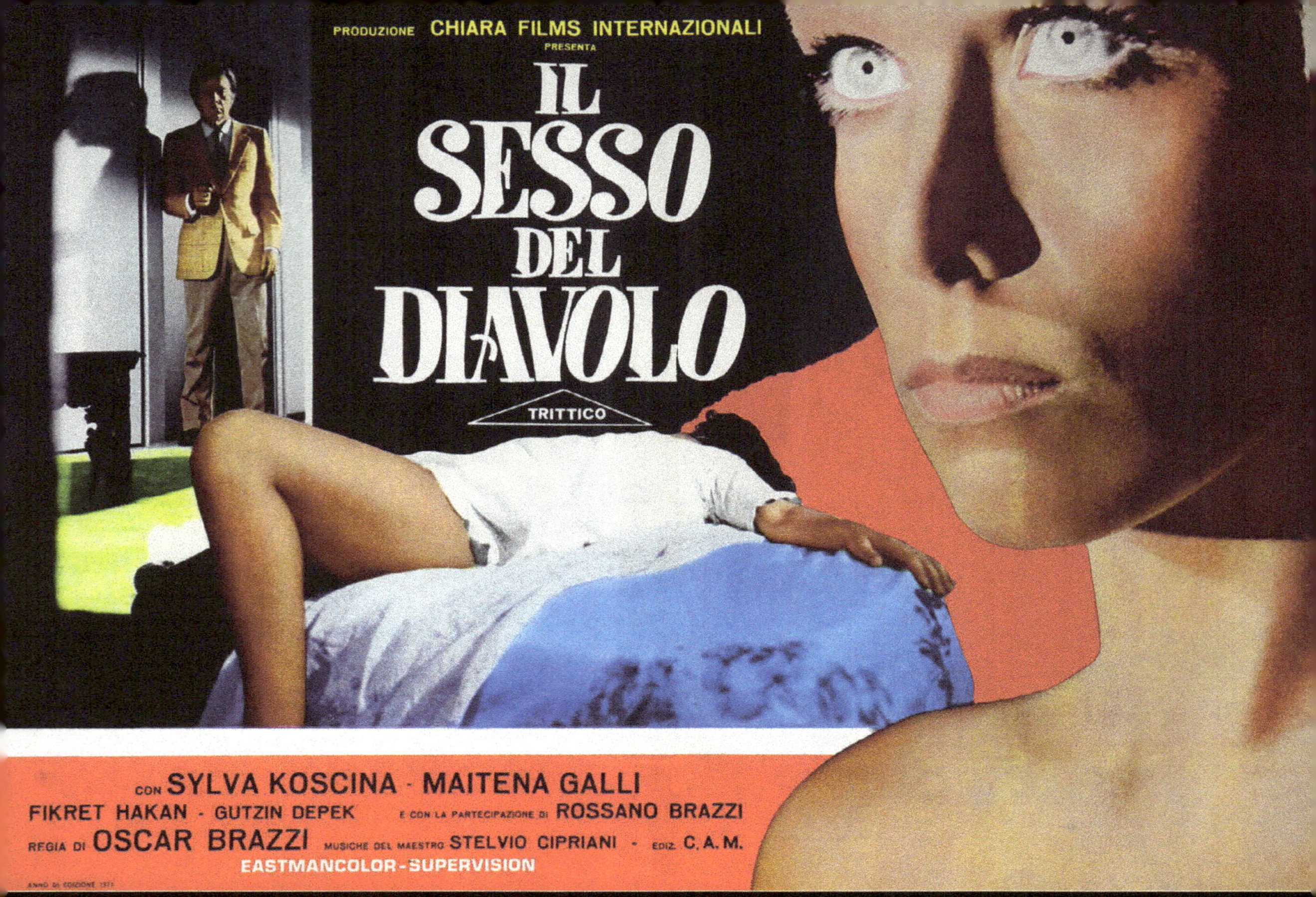

PRODUZIONE CHIARA FILMS INTERNAZIONALI
PRESENTA
IL SESSO DEL DIAVOLO
TRITTICO
CON SYLVA KOSCINA - MAITENA GALLI
FIKRET HAKAN - GUTZIN DEPEK
E CON LA PARTECIPAZIONE DI ROSSANO BRAZZI
REGIA DI OSCAR BRAZZI
MUSICHE DEL MAESTRO STELVIO CIPRIANI - EDIZ. C.A.M.
EASTMANCOLOR-SUPERVISION

PRODUZIONE
CHIARA FILMS INTERNAZIONALI
PRESENTA
IL SESSO DEL DIAVOLO
TRITTICO
CON
SYLVA KOSCINA
MAITENA GALLI
FIKRET HAKAN
GUTZIN DEPEK
E CON LA PARTECIPAZIONE DI
ROSSANO BRAZZI
REGIA DI
OSCAR BRAZZI
MUSICHE DEL MAESTRO
STELVIO CIPRIANI - EDIZ. C.A.M.
EASTMANCOLOR-SUPERVISION
ANNO DI EDIZIONE 1971

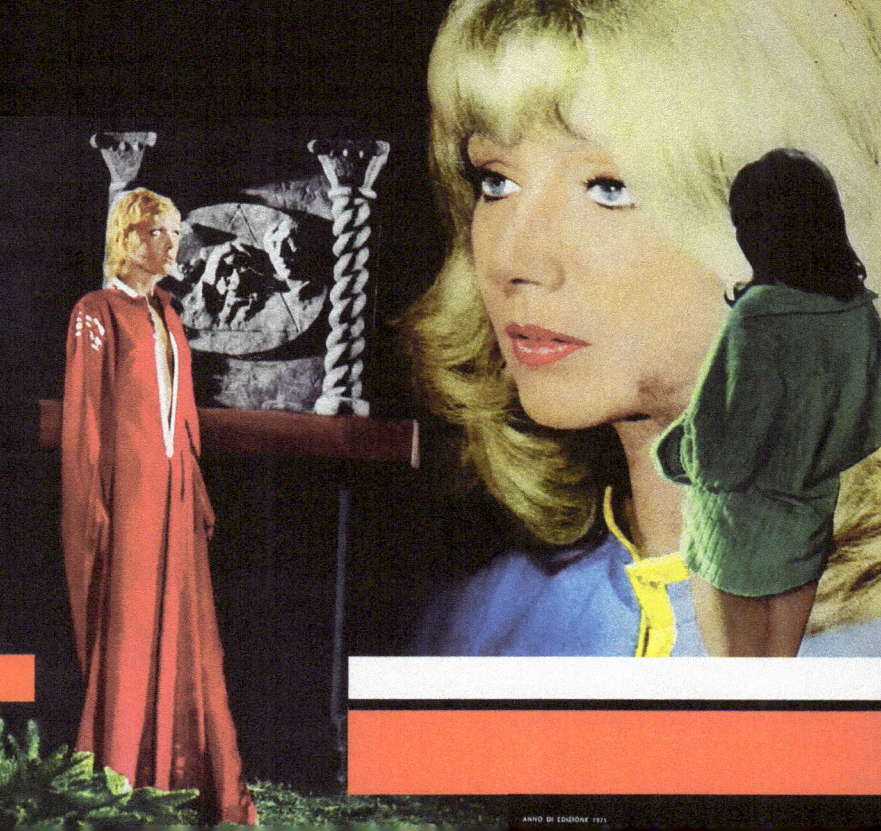

UNA FARFALLA CON LE ALI INSANGUINATE
("A Butterfly With Blood-Stained Wings")
Original Title: **Una Farfalla Con Le Ali Insanguinate** (Italy, 1971)

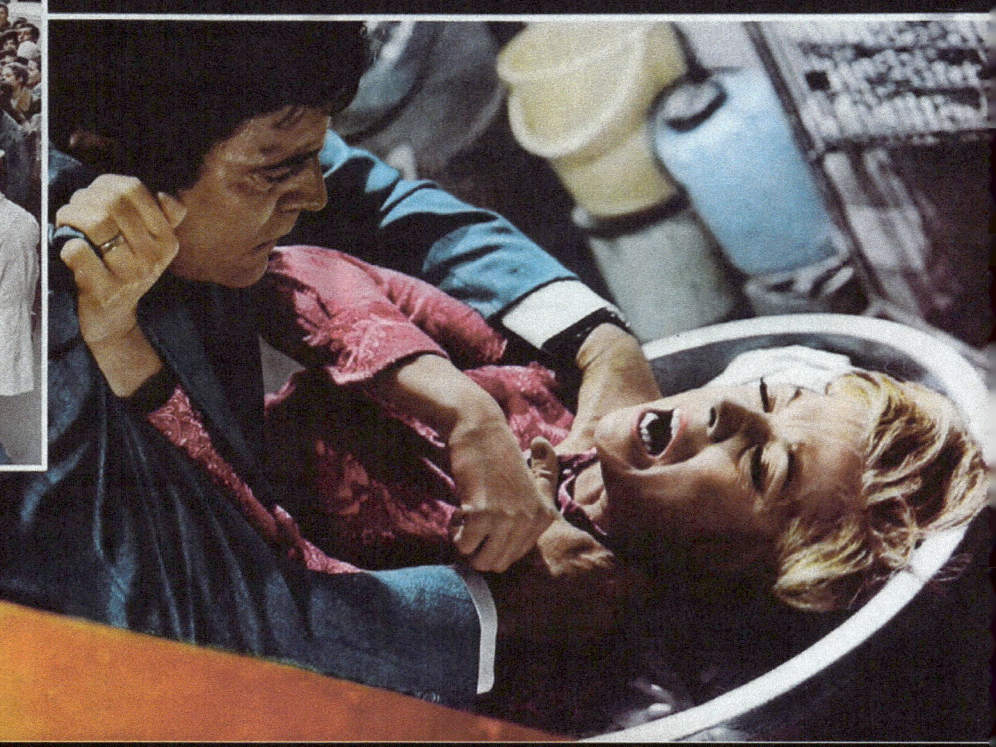

LA MORTE CAMMINA CON I TACCHI ALTI
("Death Walks In High Heels")
Original Title: **La Morte Cammina Con I Tacchi Alti** (Italy/Spain, 1971)

OPPOSITE PAGE (TOP):
LA MORTE RISALE A IERI SERA
("Death Occurred Yesterday Evening")
Original Title: **La Morte Risale A Ieri Sera** (Italy/Germany, 1970)

OPPOSITE PAGE (BOTTOM):
LA MORTE HA SORRISO ALL'ASSASSINO
("Death Smiled At The Killer")
Original Title: **La Morte Ha Sorriso All'Assassino** (Italy, 1973)

CASA D'APPUNTAMENTO
("Whorehouse")
Original Title: **Casa D'Appuntamento** (Italy/Germany, 1972)

LA DAMA ROSSA UCCIDE SETTE VOLTE

SETTE CADAVERI PER SCOTLAND YARD

con PAUL NASCHY - ORCHIDEA DE SANTIS
RENZO MARIGNANO - PATRICIA LORAN
Regia di J. L. MADRID   Musica di PIERO PICCIONI
EASTMANCOLOR

---

una produzione CARLO PONTI

I corpi presentano tracce di violenza carnale

SUZY KENDALL • TINA AUMONT
LUC MERENDA
JOHN RICHARDSON
ROBERTO BISACCO - ERNESTO COLLI
ANGELA COVELLO - CARLA BRAIT
CRISTINA AIROLDI - LUCIANO BARTOLI
CARLO ALIGHIERO
REGIA DI SERGIO MARTINO
SCENEGGIATURA DI ERNESTO CASTALDI - SERGIO MARTINO
DIRETTORE DELLA FOTOGRAFIA GIANCARLO FERRANDO
MUSICHE DI GUIDO e MAURIZIO DE ANGELIS
PRODUTTORE ESECUTIVO ANTONIO CERVI
EASTMANCOLOR DISTRIBUZIONE INTERFILM

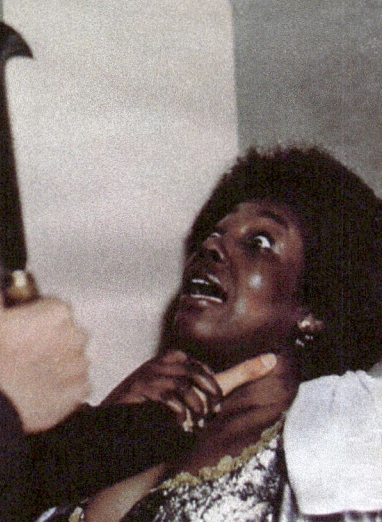

IL TUO VIZIO E UNA STANZA CHIUSA E SOLO IO NE HO LA CHIAVE
("Your Vice Is A Locked Room And Only I Have The Key")
Original Title: **Il Tuo Vizio E Una Stanza Chiusa E Solo Io Ne Ho La Chiave** (Italy, 1972)

OPPOSITE PAGE (TOP):
SETTE CADAVERI PER SCOTLAND YARD
("Seven Corpses For Scotland Yard")
Original Title: Jack El Destripador De Londres (Spain/Italy, 1971)

OPPOSITE PAGE (BOTTOM):
I CORPI PRESENTANO TRACCE DI VIOLENZA CARNALE
("The Bodies Show Marks Of Sexual Violence")
Original Title: I Corpi Presentano Tracce Di Violenza Carnale (Italy, 1973)

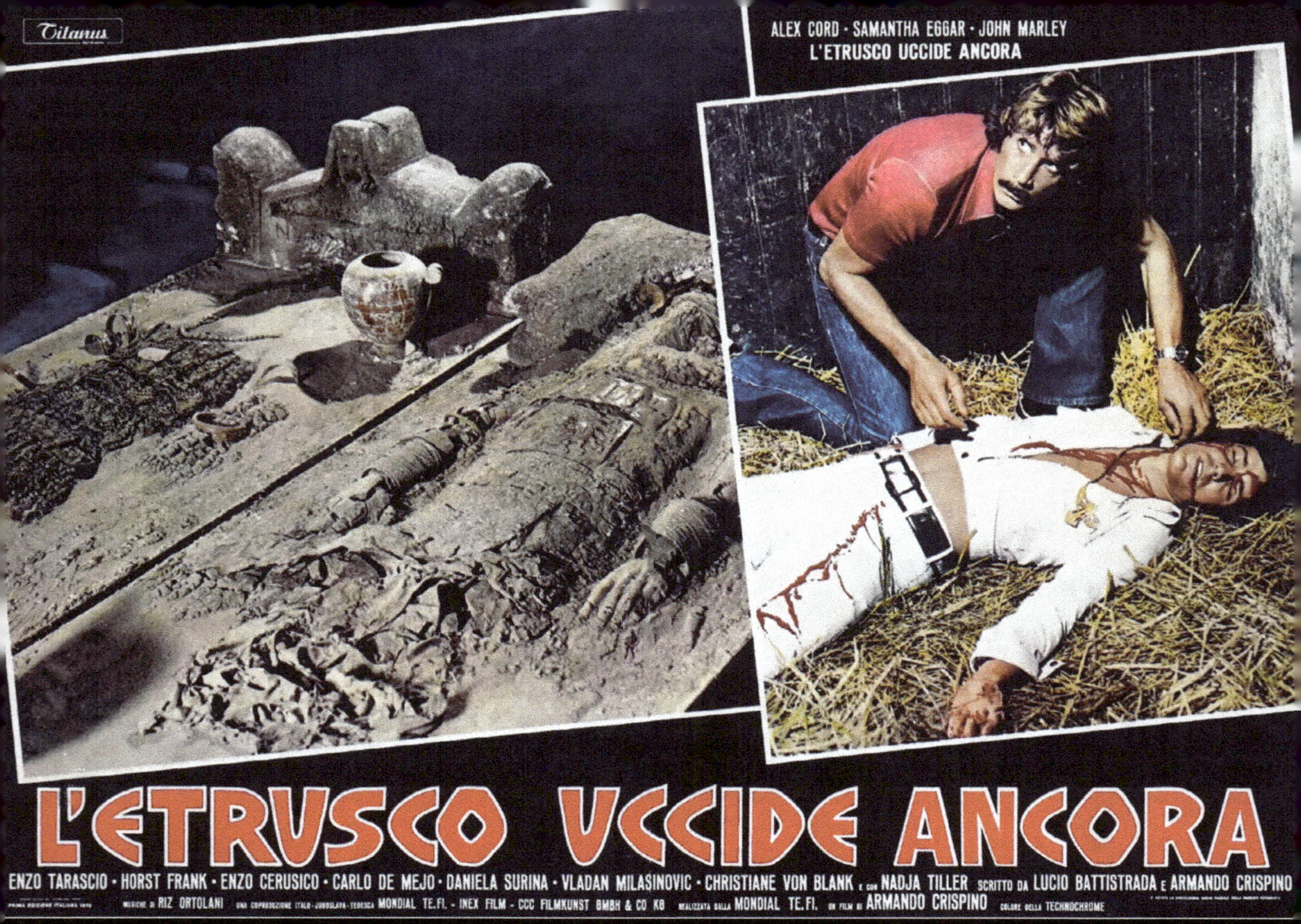
Titanus
ALEX CORD · SAMANTHA EGGAR · JOHN MARLEY
L'ETRUSCO UCCIDE ANCORA
L'ETRUSCO UCCIDE ANCORA
ENZO TARASCIO · HORST FRANK · ENZO CERUSICO · CARLO DE MEJO · DANIELA SURINA · VLADAN MILASINOVIC · CHRISTIANE VON BLANK e con NADJA TILLER scritto da LUCIO BATTISTRADA e ARMANDO CRISPINO
musiche di RIZ ORTOLANI una coproduzione italo-jugoslava-tedesca MONDIAL TE.FI. - INEX FILM - CCC FILMKUNST GMBH & CO KG realizzata dalla MONDIAL TE.FI. un film di ARMANDO CRISPINO colore della TECHNOCHROME

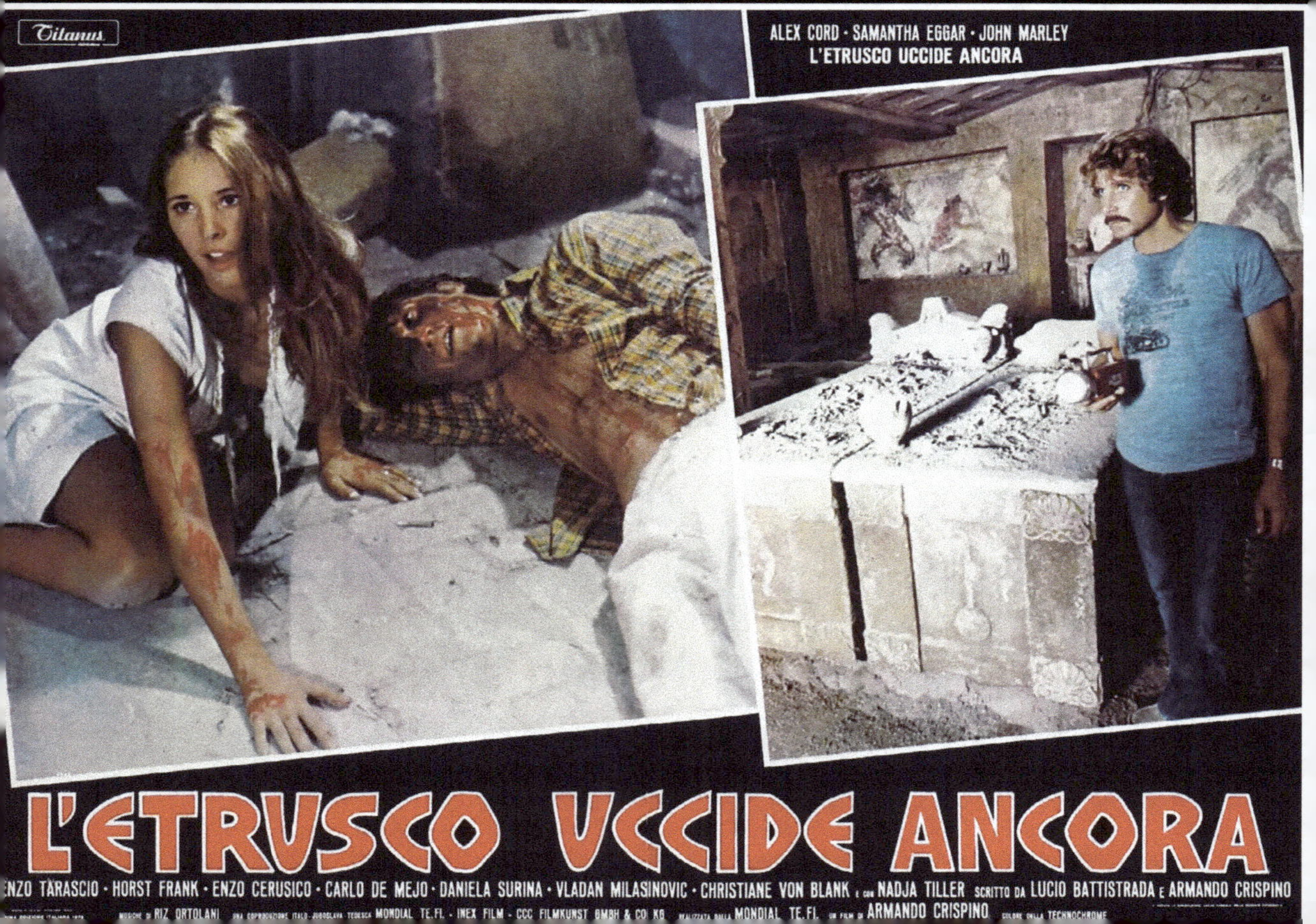
Titanus
ALEX CORD · SAMANTHA EGGAR · JOHN MARLEY
L'ETRUSCO UCCIDE ANCORA
L'ETRUSCO UCCIDE ANCORA
ENZO TARASCIO · HORST FRANK · ENZO CERUSICO · CARLO DE MEJO · DANIELA SURINA · VLADAN MILASINOVIC · CHRISTIANE VON BLANK e con NADJA TILLER scritto da LUCIO BATTISTRADA e ARMANDO CRISPINO
musiche di RIZ ORTOLANI una coproduzione italo-jugoslava-tedesca MONDIAL TE.FI. - INEX FILM - CCC FILMKUNST GMBH & CO KG realizzata dalla MONDIAL TE.FI. un film di ARMANDO CRISPINO colore della TECHNOCHROME

TUTTI I COLORI DEL BUIO
("All The Colours Of The Dark")
Original Title: **Tutti I Colori Del Buio** (Italy, 1972)

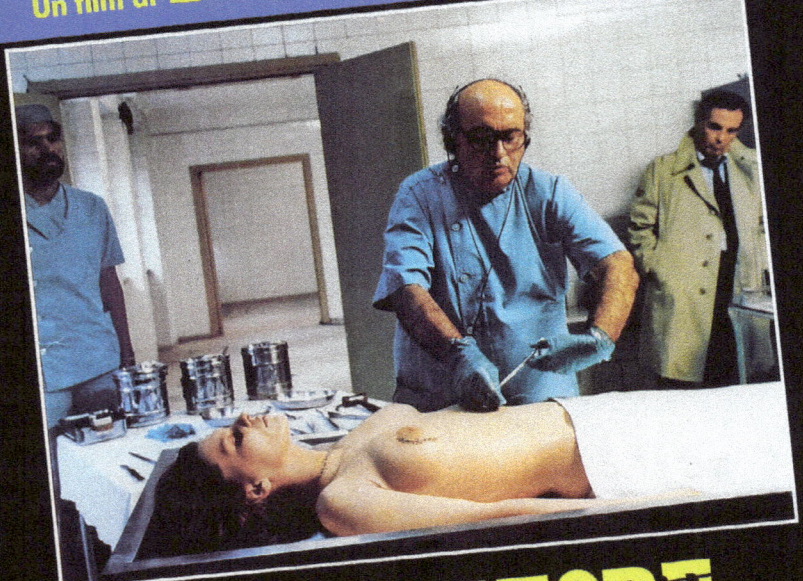

FABRIZIO DE ANGELIS presenta
Un film di **LUCIO FULCI**

LO SQUARTATORE DI NEW YORK

JACK HEDLEY · ALMANTA KELLER · HOWARD ROSS · ANDREW PAINTER · ALEXANDRA DELLI COLLI · e con la partecipazione di PAOLO MALCO
Regia di **LUCIO FULCI** · Prodotto dalla FULVIA FILM s.r.l.-ROMA · Colore LV di LUCIANO VITTORI

FABRIZIO DE ANGELIS presenta
Un film di **LUCIO FULCI**

LO SQUARTATORE DI NEW YORK

JACK HEDLEY · ALMANTA KELLER · HOWARD ROSS · ANDREW PAINTER · ALEXANDRA DELLI COLLI · e con la partecipazione di PAOLO MALCO
Regia di **LUCIO FULCI** · Prodotto dalla FULVIA FILM s.r.l.-ROMA · Colore LV di LUCIANO VITTORI

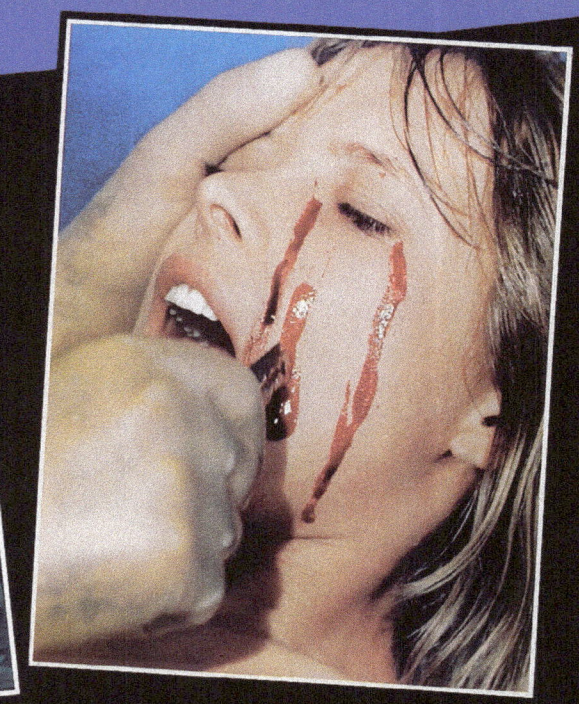

LO SQUARTATORE DI NEW YORK
("The New York Ripper")
Original Title: **Lo Squartatore Di New York** (Italy, 1982)

per gli appassionati di EDGAR WALLACE
un "giallo" di WEINERT WILTON
LO STRANGOLATORE
DI LONDRA
JOACHIM FUCHSBERGER - KARIN DOR HORST FRANK
REGIA
HARALD REINL
COPRODUZIONE
ARCA-WINSTON FILM - OPPENHEIMER
ESCLUSIVITÀ
ADAMO FILM

per gli appassionati di EDGAR WALLACE
un "giallo" di WEINERT WILTON
LO STRANGOLATORE
DI LONDRA
JOACHIM FUCHSBERGER - KARIN DOR HORST FRANK
REGIA
HARALD REINL
COPRODUZIONE
ARCA-WINSTON FILM - OPPENHEIMER
ESCLUSIVITÀ
ADAMO FILM

GLI OCCHI DI LONDRA
("Eyes Of London")
Original Title: **Die Toten Augen Von London** (Germany/UK, 1961)

EDGAR WALLACE

IL LACCIO ROSSO

HEINZ DRACHE · CORNY COLLINS · HANS NIELSEN

produzione RIALTO FILM — regia ALFRED VOHRER — esclusività ADAMO FILM

dall'omonimo romanzo di EDGAR WALLACE · Arnoldo Mondadori Editore

EDGAR WALLACE

IL LACCIO ROSSO

HEINZ DRACHE · CORNY COLLINS · HANS NIELSEN

produzione RIALTO FILM — regia ALFRED VOHRER — esclusività ADAMO FILM

dall'omonimo romanzo di EDGAR WALLACE · Arnoldo Mondadori Editore

IL LUNGO COLTELLO DI LONDRA
("The Long Blade Of London")
Original Title: **Circus Of Fear** (UK/Germany, 1967)

Edgar Wallace
IL FANTASMA DI LONDRA

con JOACHIM FUCHSBERGER - URSULA GLAS - CONRAD GEORGE - ILSE PAGÈ - CLAUS HOLM
EASTMANCOLOR — REGIA DI ALFRED VOHRER — Produzione: RIALTO FILM · PREBEN PHILIPSEN

Edgar Wallace
IL FANTASMA DI LONDRA

con JOACHIM FUCHSBERGER - URSULA GLAS - CONRAD GEORGE - ILSE PAGÈ - CLAUS HOLM
EASTMANCOLOR — REGIA DI ALFRED VOHRER — Produzione: RIALTO FILM · PREBEN PHILIPSEN

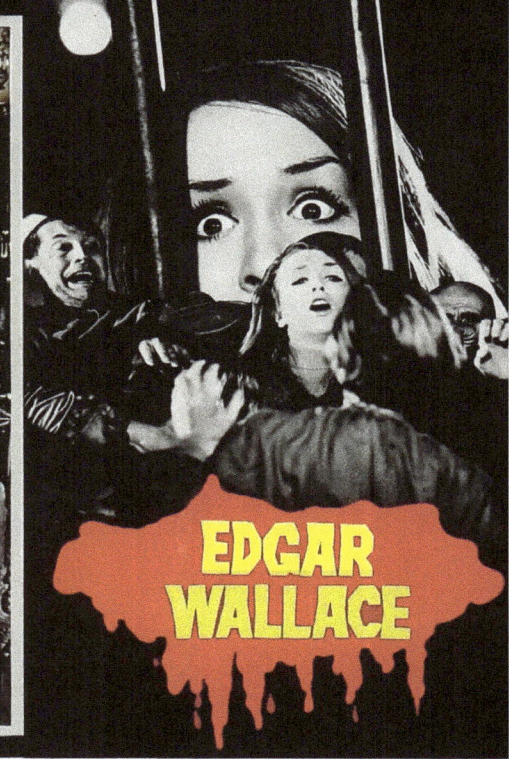

L'ARTIGLIO BLU
("The Blue Claw")
Original Title: **Die Blaue Hand** (Germany, 1967)

EDGAR WALLACE
IL TESCHIO DI LONDRA

PARIS - ETOILE FILM presenta

JOACHIM FUCHSBERGER · SIW MATTSON · CLAUDE FARELL · LIL LINDFORS · PETER MOSBACHER — EASTMANCOLOR
PRODUZIONE RIALTO FILM - PREBEN PHILIPSEN   REGIA: ALFRED VOHRER   ESCLUSIVITÀ ADAMO FILM

EDGAR WALLACE
IL TESCHIO DI LONDRA

PARIS - ETOILE FILM presenta

JOACHIM FUCHSBERGER · SIW MATTSON · CLAUDE FARELL · LIL LINDFORS · PETER MOSBACHER — EASTMANCOLOR
PRODUZIONE RIALTO FILM - PREBEN PHILIPSEN   REGIA: ALFRED VOHRER   ESCLUSIVITÀ ADAMO FILM

L'OCCHIO CHE UCCIDE

CARL BOEHM · ANNA MASSEY · MAXINE AUDLEY
MARTIN MILLER · PAMELA GREEN
REGIA **MICHAEL POWELL** UNA PRODUZIONE **MICHAEL POWELL**
EASTMANCOLOR

LA SEVEN ARTS PRESENTA
UNA PRODUZIONE ASSOCIATES & ALDRICH
E PER LA PRIMA VOLTA **VICTOR BUONO**
PRODOTTO E DIRETTO DA **ROBERT ALDRICH**

CHE FINE HA FATTO BABY JANE?
BETTE DAVIS e JOAN CRAWFORD

SCENEGGIATURA DI **LUKAS HELLER** · MUSICA DI **FRANK DeVOL** · TRATTO DAL ROMANZO OMONIMO DI **HENRY FARRELL** · EDITO IN ITALIA DA **MONDADORI** · DISTRIBUZIONE **WARNER BROS.**

5 CORPI SENZA TESTA
("5 Headless Corpses")
Original Title: **Strait Jacket** (USA, 1964)

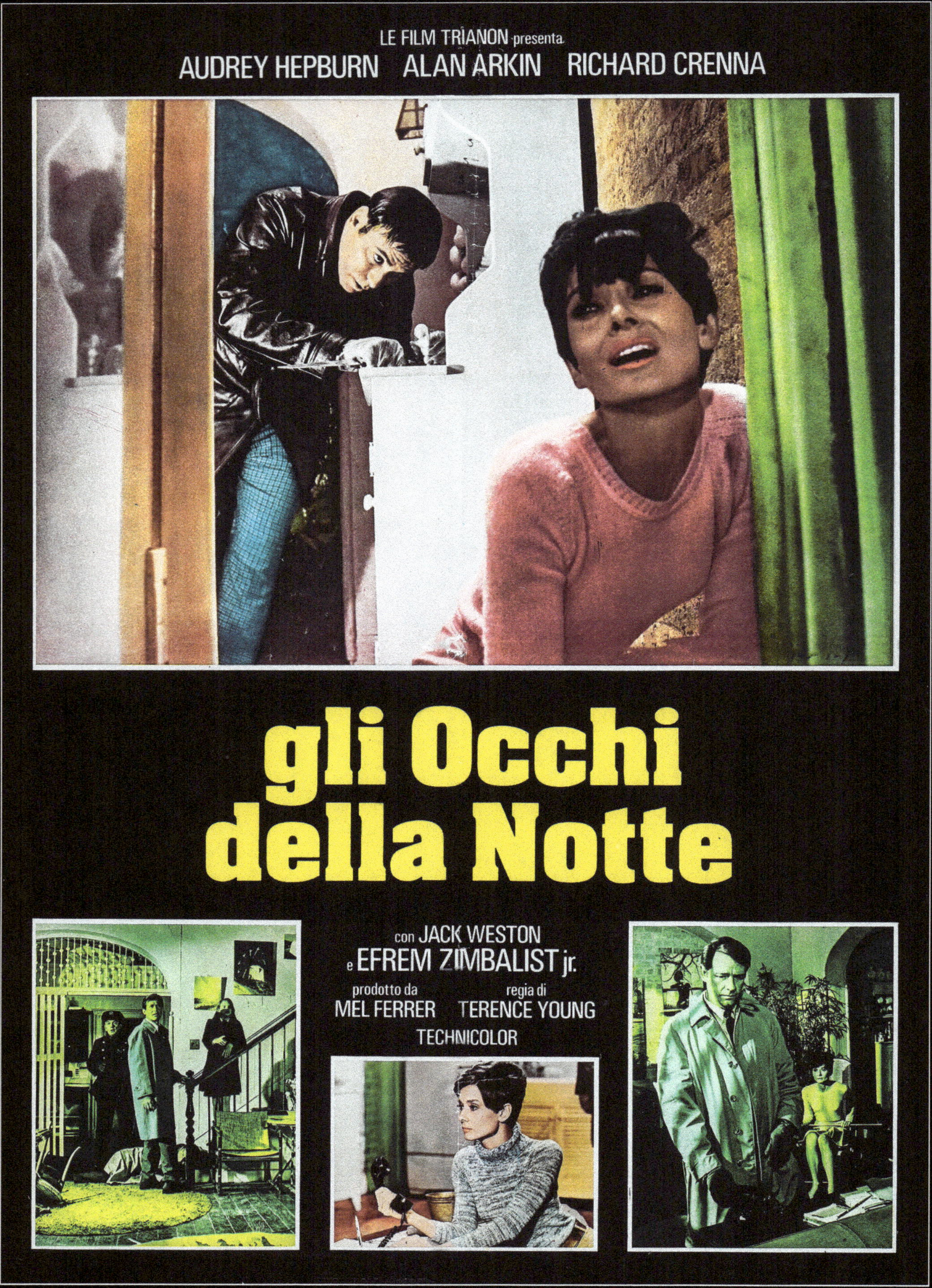
LE FILM TRIANON presenta
AUDREY HEPBURN ALAN ARKIN RICHARD CRENNA
gli Occhi della Notte
con JACK WESTON
e EFREM ZIMBALIST jr.
prodotto da MEL FERRER
regia di TERENCE YOUNG
TECHNICOLOR

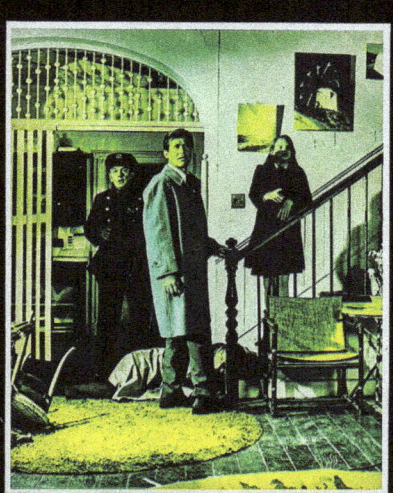

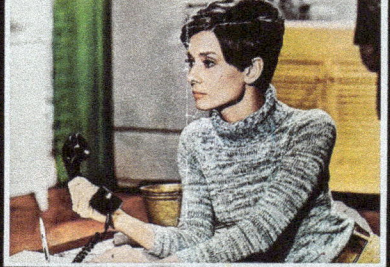

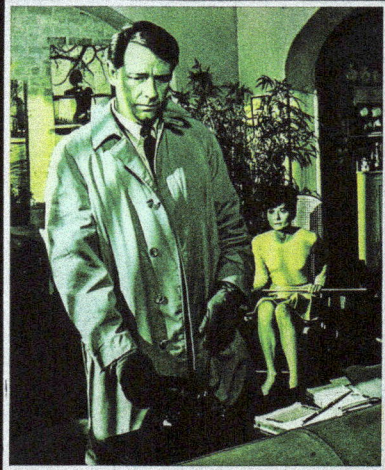

LA BAMBOLA DI CERA
("The Wax Doll")
Original Title: The Psychopath (UK, 1966)

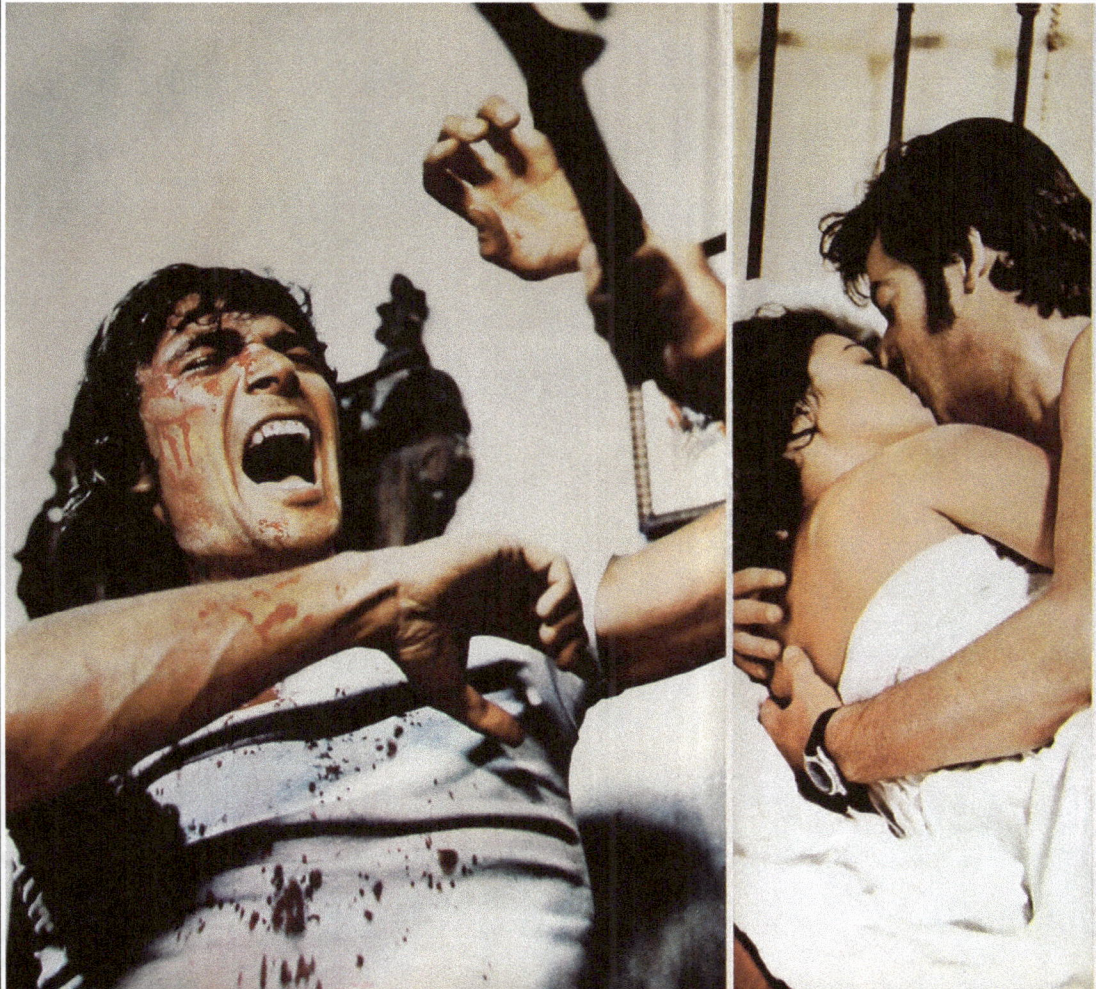

L'APPARTAMENTO DEL 13º PIANO
("The Apartment On The 13th Floor")
Original Title: **La Semana Del Asesino** (Spain, 1973)

IL CASO "VENERE PRIVATA"
("The Case Of The Private Venus")
Original Title: **Cran D'Arrêt** (France/Italy, 1970)

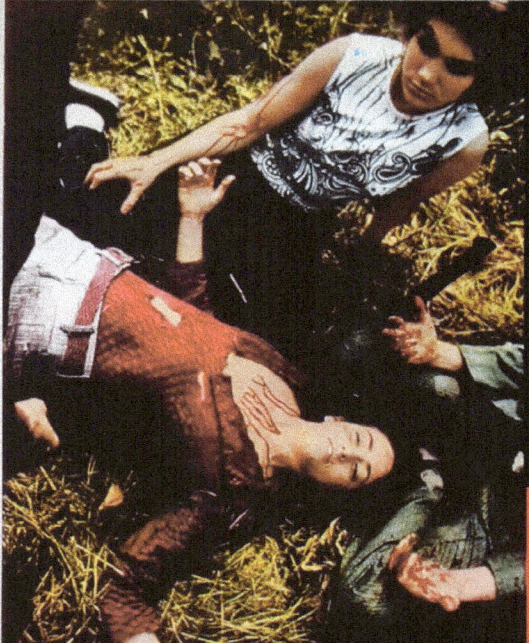

L'ULTIMA CASA A SINISTRA
("The Last House On The Left")
Original Title: **The Last House On The Left** (IUSA, 1972)

NON GUARDARE IN CANTINA

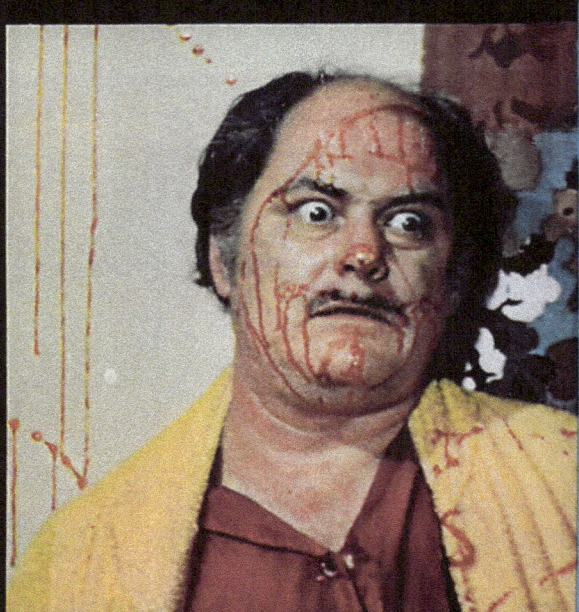
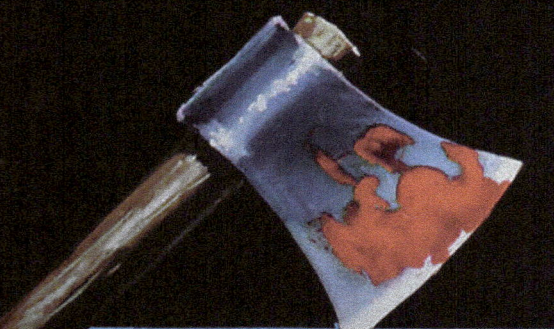

WILLIAM BILL McGHEE · ANNE MacADAMS · ROSIE HOLOTIK · GENE ROSS
JESSIE LEE FULTON · CAMILLA CARR · HARRIET WARREN · JESSIE KIRBY
HUGH FEAGIN · ROBERT DRACUP · MICHAEL HARVEY · BETTY CHANDLER
RHEA MacADAMS · Regia: S.F. BROWNRIGG   una produzione HALL MARK RELEASING CORP.
EASTMANCOLOR

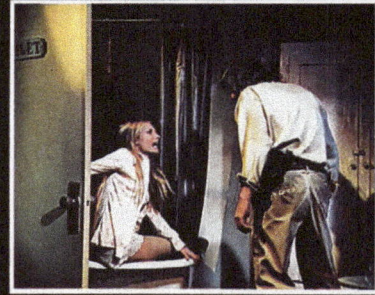

QUEL MOTEL VICINO ALLA PALUDE
("That Motel Next To The Swamp")
Original Title: **Eaten Alive** (USA, 1976)

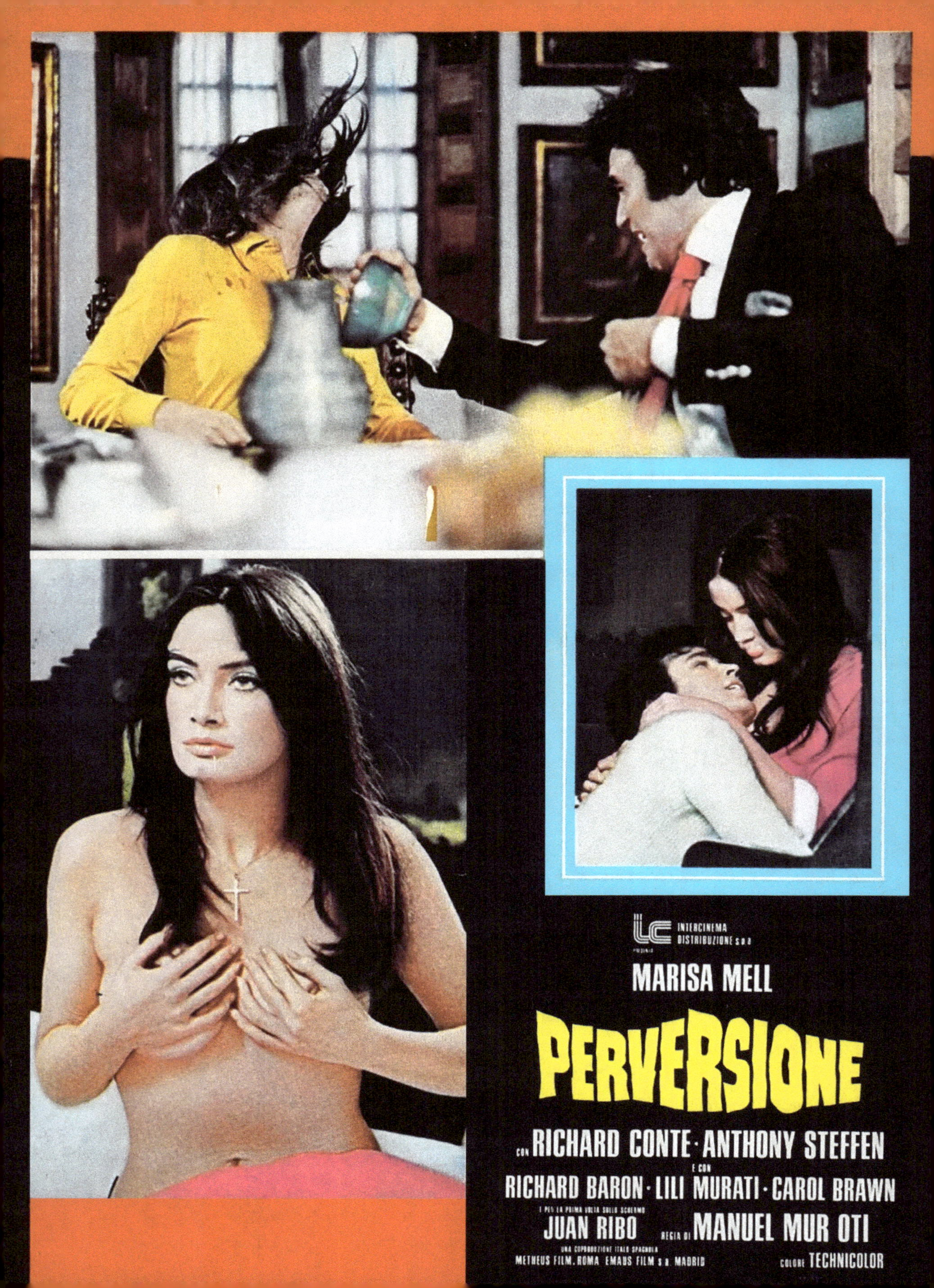

MARISA MELL

PERVERSIONE

CON RICHARD CONTE · ANTHONY STEFFEN
E CON
RICHARD BARON · LILI MURATI · CAROL BRAWN

PER LA PRIMA VOLTA SULLO SCHERMO
JUAN RIBO REGIA DI MANUEL MUR OTI

UNA COPRODUZIONE ITALO SPAGNOLA
METHEUS FILM. ROMA EMAUS FILM S.A. MADRID COLORE TECHNICOLOR

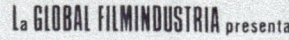

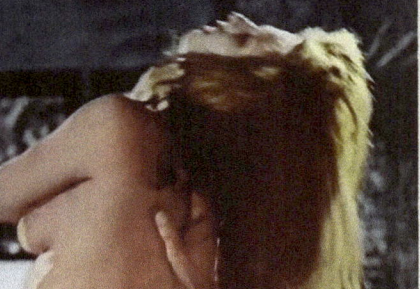

OSSESSIONE CARNALE
("Carnal Obsession")
Original Title: **Vampyres** (UK, 1974)

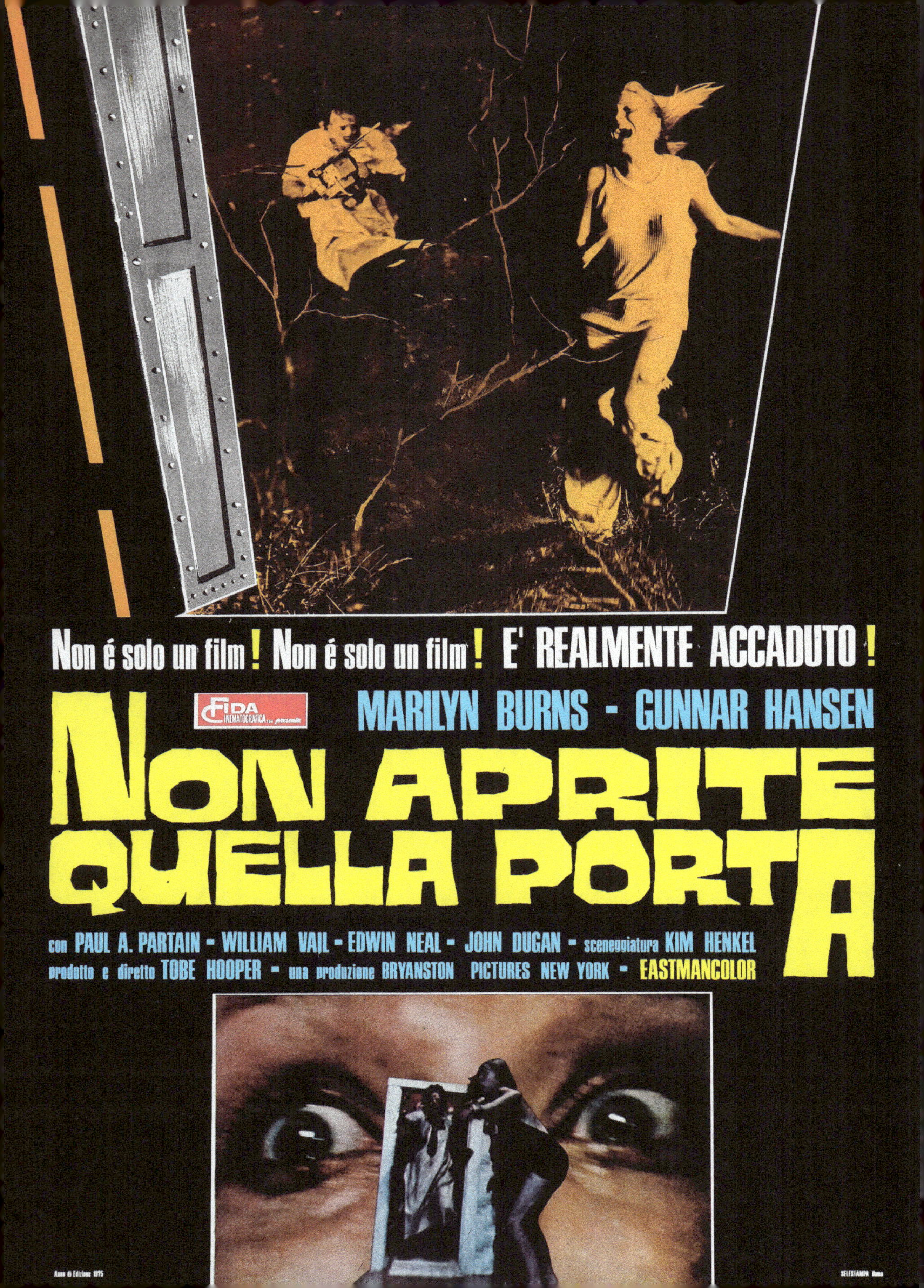

Non é solo un film! Non é solo un film! E' REALMENTE ACCADUTO!

MARILYN BURNS - GUNNAR HANSEN

NON APRITE QUELLA PORTA

con PAUL A. PARTAIN - WILLIAM VAIL - EDWIN NEAL - JOHN DUGAN - sceneggiatura KIM HENKEL
prodotto e diretto TOBE HOOPER - una produzione BRYANSTON PICTURES NEW YORK - EASTMANCOLOR

CAMPING DEL TERRORE
("Campsite Of Terror")
Original Title: **Camping Del Terrore** (Italy/USA, 1986)

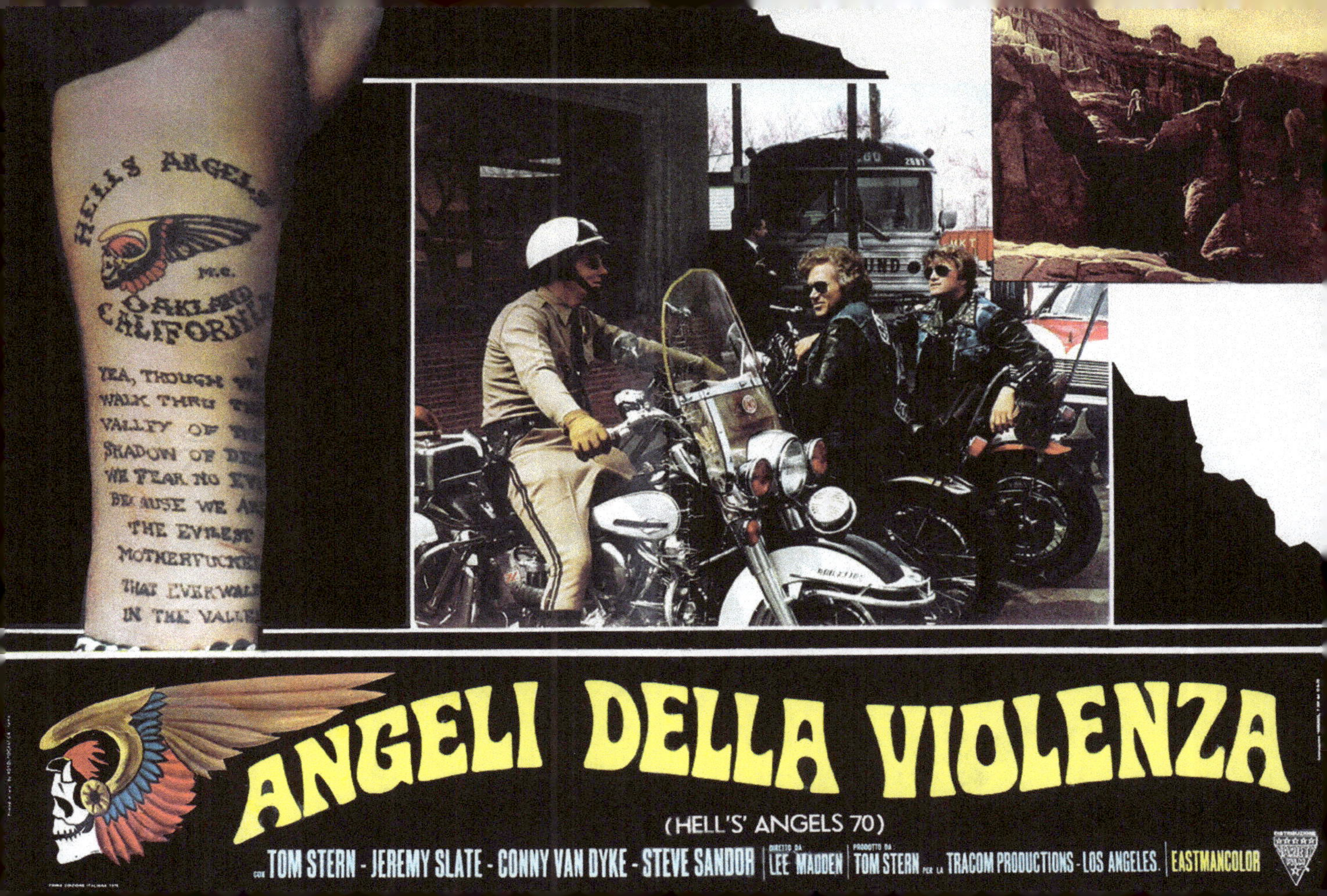
HELLS ANGELS
M.C.
OAKLAND CALIFORNIA
ANGELI DELLA VIOLENZA
(HELL'S' ANGELS 70)
CON TOM STERN - JEREMY SLATE - CONNY VAN DYKE - STEVE SANDOR
DIRETTO DA LEE MADDEN
PRODOTTO DA TOM STERN PER LA TRACOM PRODUCTIONS - LOS ANGELES.
EASTMANCOLOR

EURO INTERNATIONAL FILMS
PRESENTA

CORRI, Angel, CORRI!

CON **WILLIAM SMITH** • **VALERIE STARRETT**
REGIA DI **JACK STARRETT**
PRODOTTO DA **JOE SOLOMON** — PRODUTTORE ASSOCIATO **PAUL RAPP** — UNA ESCLUSIVITÀ **AICO FILMS**
EASTMANCOLOR

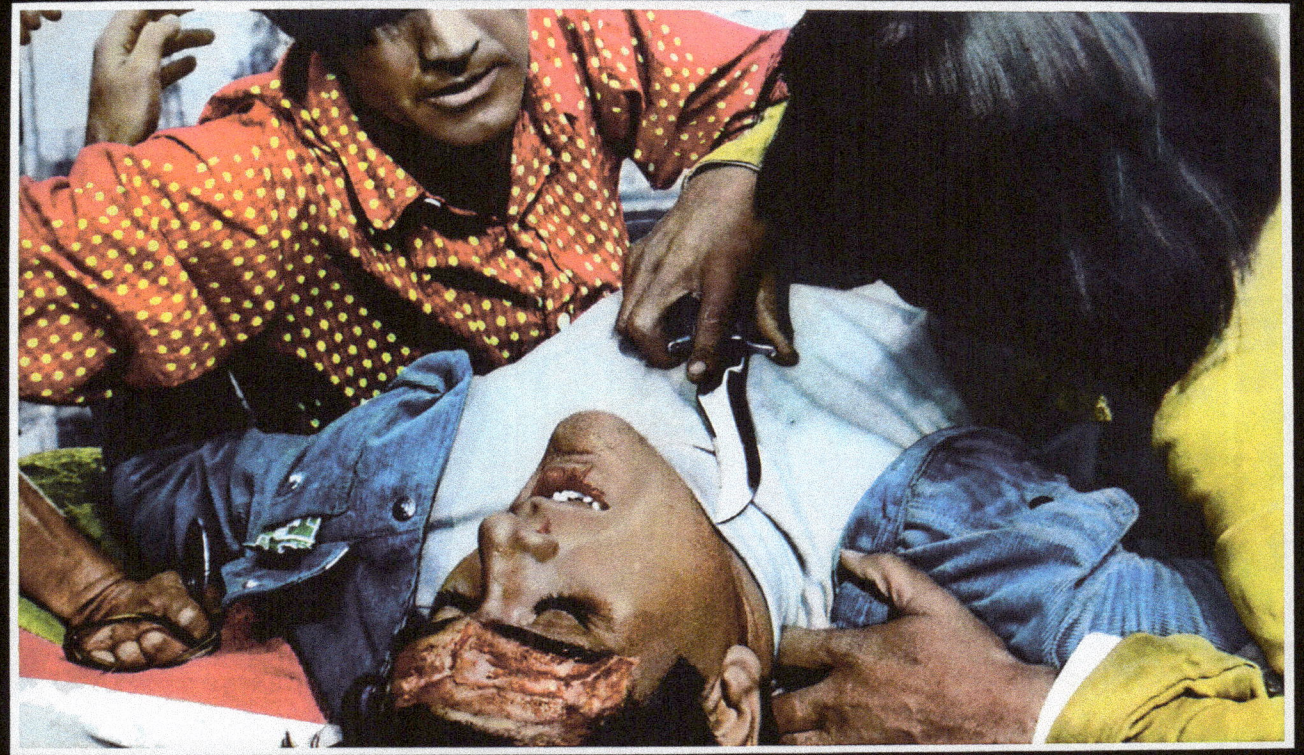

VIOLENCE STORY
("Violence Story")
Original Title: **The Savage Seven** (USA, 1968)

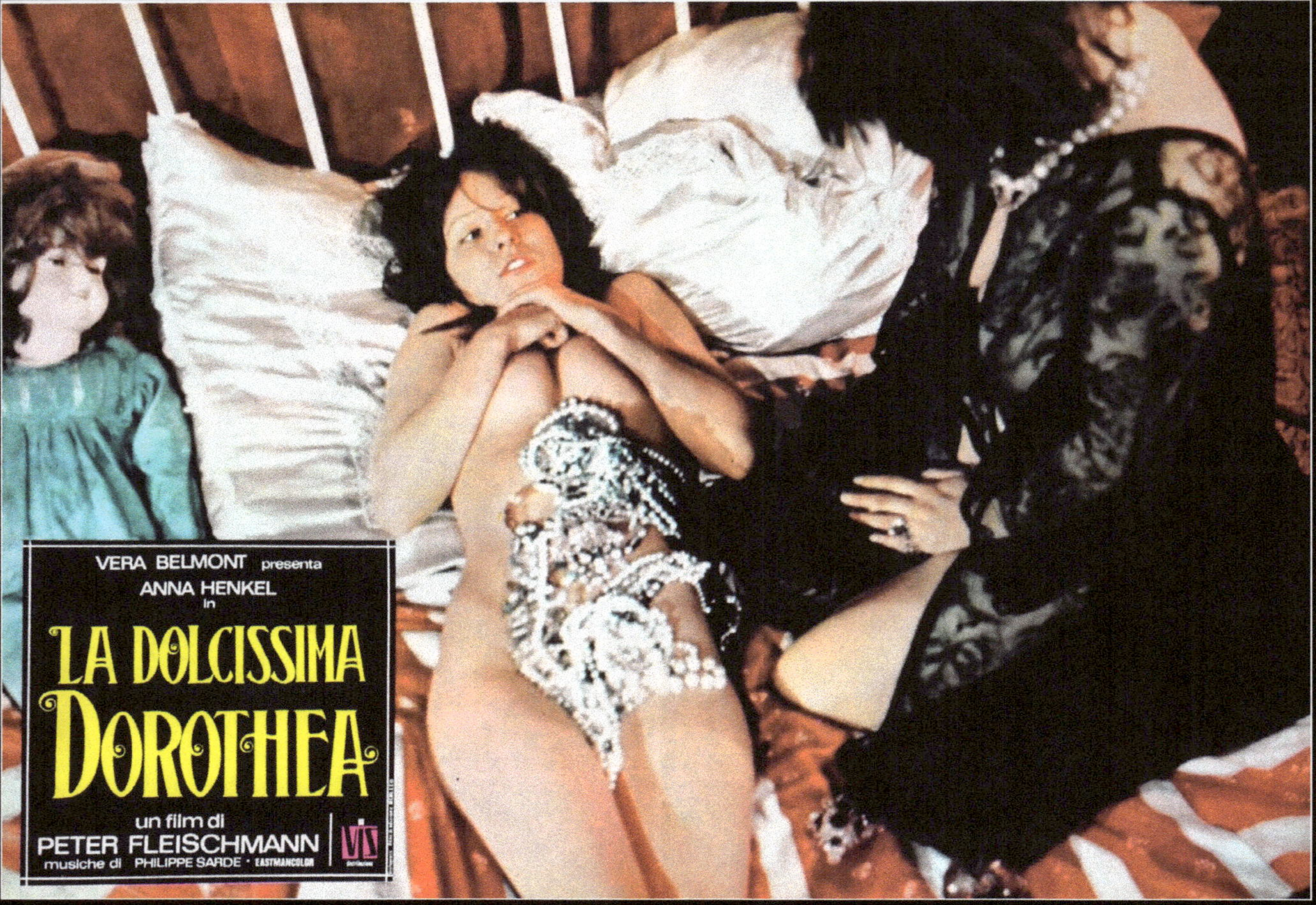
VERA BELMONT presenta
ANNA HENKEL
in
LA DOLCISSIMA
DOROTHEA
un film di
PETER FLEISCHMANN
musiche di PHILIPPE SARDE · EASTMANCOLOR

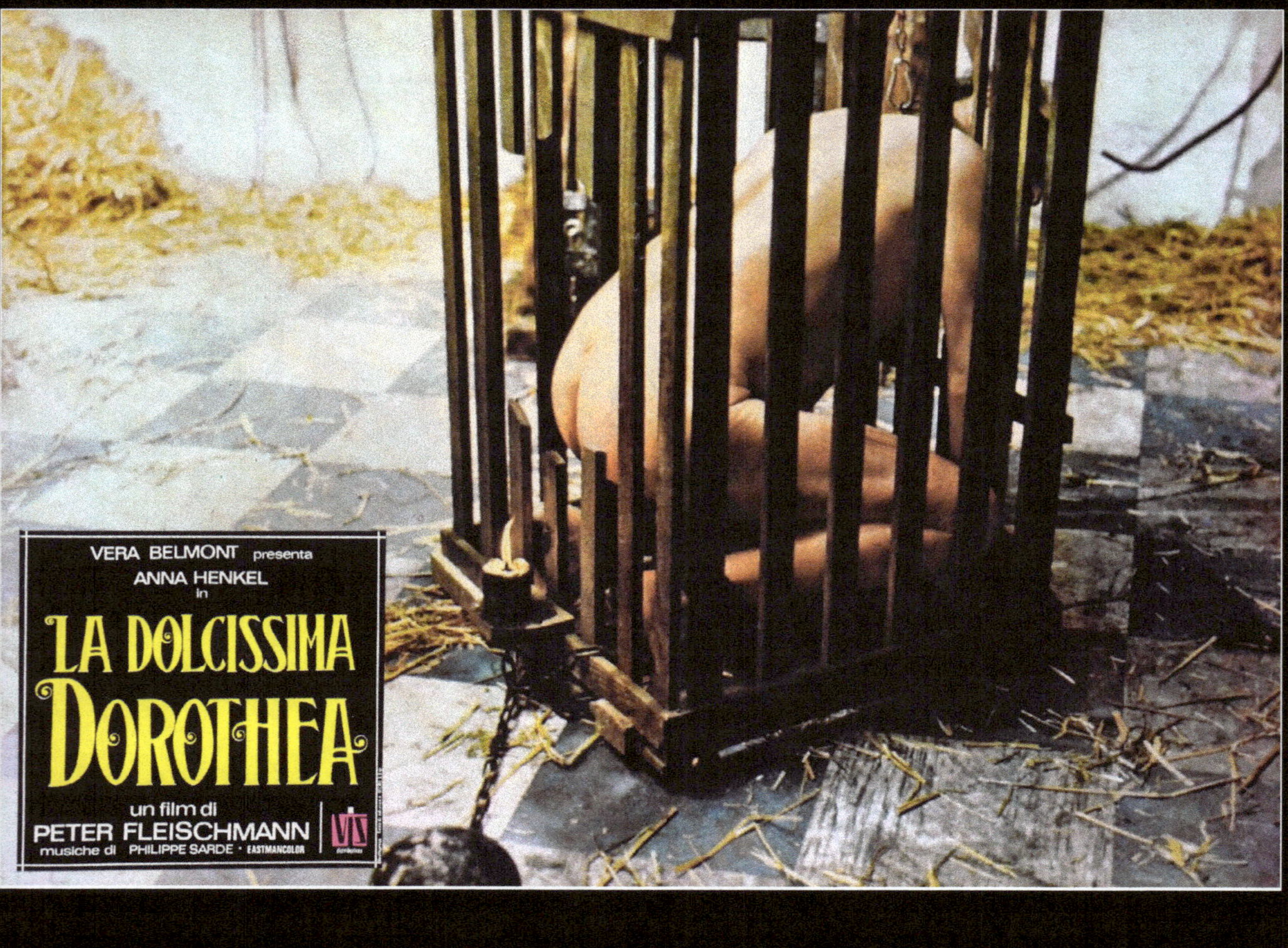
VERA BELMONT presenta
ANNA HENKEL
in
LA DOLCISSIMA
DOROTHEA
un film di
PETER FLEISCHMANN
musiche di PHILIPPE SARDE · EASTMANCOLOR

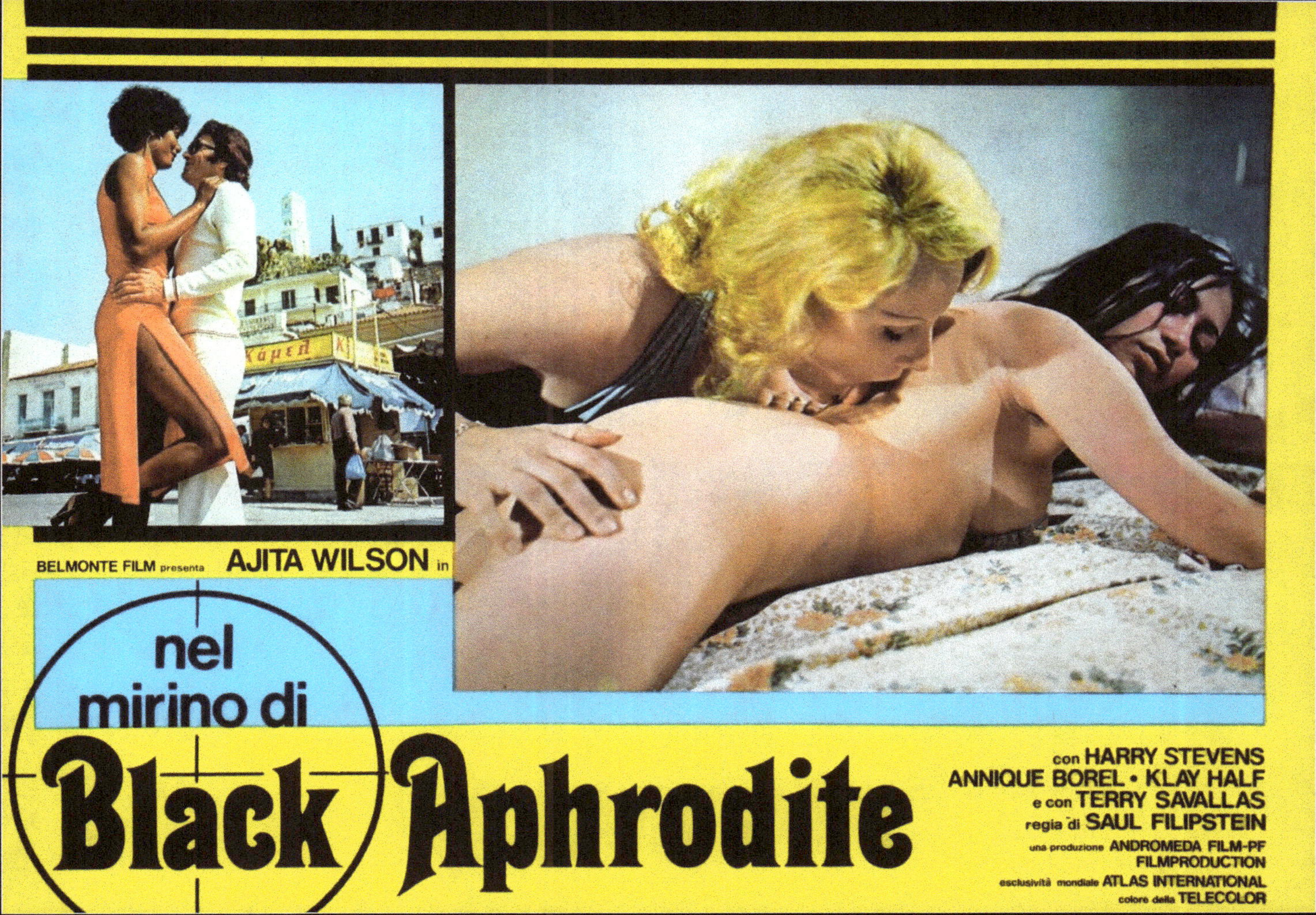

NEL MIRINO DI BLACK APHRODITE

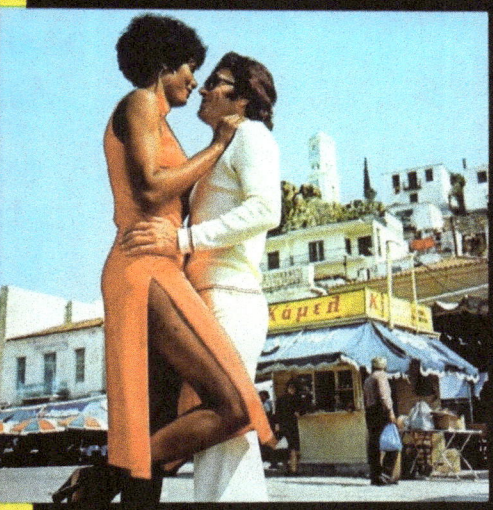

LAURA GEMSER LA VERA **EMANUELLE NERA** in

Emanuelle
PERCHE' VIOLENZA ALLE DONNE ?

con **IVAN RASSIMOV · KARIN SCHUBERT**

LAURA GEMSER . EMANUELLE PERCHE' VIOLENZA ALLE DONNE? ...IVAN RASSIMOV · KARIN SCHUBERT · DON POWELL · GEORGE EASTMAN
con MARINO MASÉ · Gianni Macchia

EMANUELLE NERA NO. 2
("Black Emanuelle 2")
Original Title: **Emanuelle Nera No. 2** (Italy, 1976)

IL MULINO DELLE DONNE DI PIETRA
("The Mill Of The Stone Women")
Original Title: **Il Mulino Delle Donne Di Pietra** (Italy/France, 1960)

LYCANTHROPUS

BARBARA LASS
CARL SHELL

in un film di
RICHARD BENSON

con CURT LOWENS · MAURICE MARSAC
MAUREEN O'CONNOR · MARY MC NEERAN
GRACE NEAME · ALAN COLLINS

DISTRIBUZIONE CINERIZ
produzione ROYAL FILM

LYCANTHROPUS

BARBARA LASS
CARL SHELL

in un film di
RICHARD BENSON

con CURT LOWENS · MAURICE MARSAC
MAUREEN O'CONNOR · MARY MC NEERAN
GRACE NEAME · ALAN COLLINS

DISTRIBUZIONE CINERIZ
produzione ROYAL FILM

LYCANTHROPUS
("Lycanthropus")
Original Title: **Lycanthropus** (Italy/Austria, 1961)

LA MASCHERA DEL DEMONIO
("Mask Of The Demon")
Original Title: **La Maschera Del Demonio** (Italy, 1960)

LO SPETTRO
BARBARA STEELE
PETER BALDWIN
LEONARD G. ELLIOT
HARRIET WHITE
CAROL BENNET RAOUL H. NEWMAN
CHARLES KECHLER REGINALD PRICE ANDERSON
Regia di
ROBERT HAMPTON
TECHNICOLOR

LO SPETTRO
BARBARA STEELE
PETER BALDWIN
LEONARD G. ELLIOT
HARRIET WHITE
CAROL BENNET RAOUL H. NEWMAN
CHARLES KECHLER REGINALD PRICE ANDERSON
Regia di
ROBERT HAMPTON
TECHNICOLOR
Un film prodotto da LOUIS MANN per la PANDA

UN ANGELO PER SATANA
("An Angel For Satan")
Original Title: **Un Angelo Per Satana** (Italy, 1966)

AMANTI D'OLTRETOMBA
CON BARBARA STEEL - LAWRENCE CLIFT - PAUL MILLER - HELGA LINE - JOHN MC. DOUGLAS E CON RIK BATTAGLIA
REGIA ALLAN GRUNEWALD
Una produzione e distribuzione Cinematografica "EmmeCi„ Roma

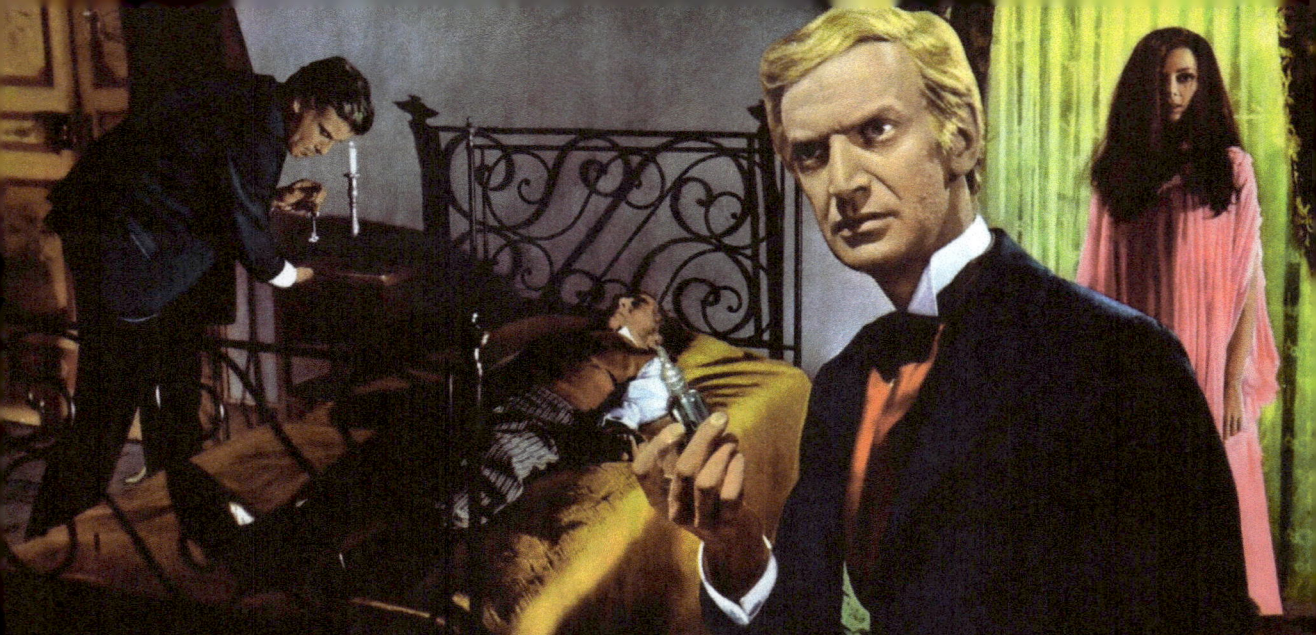

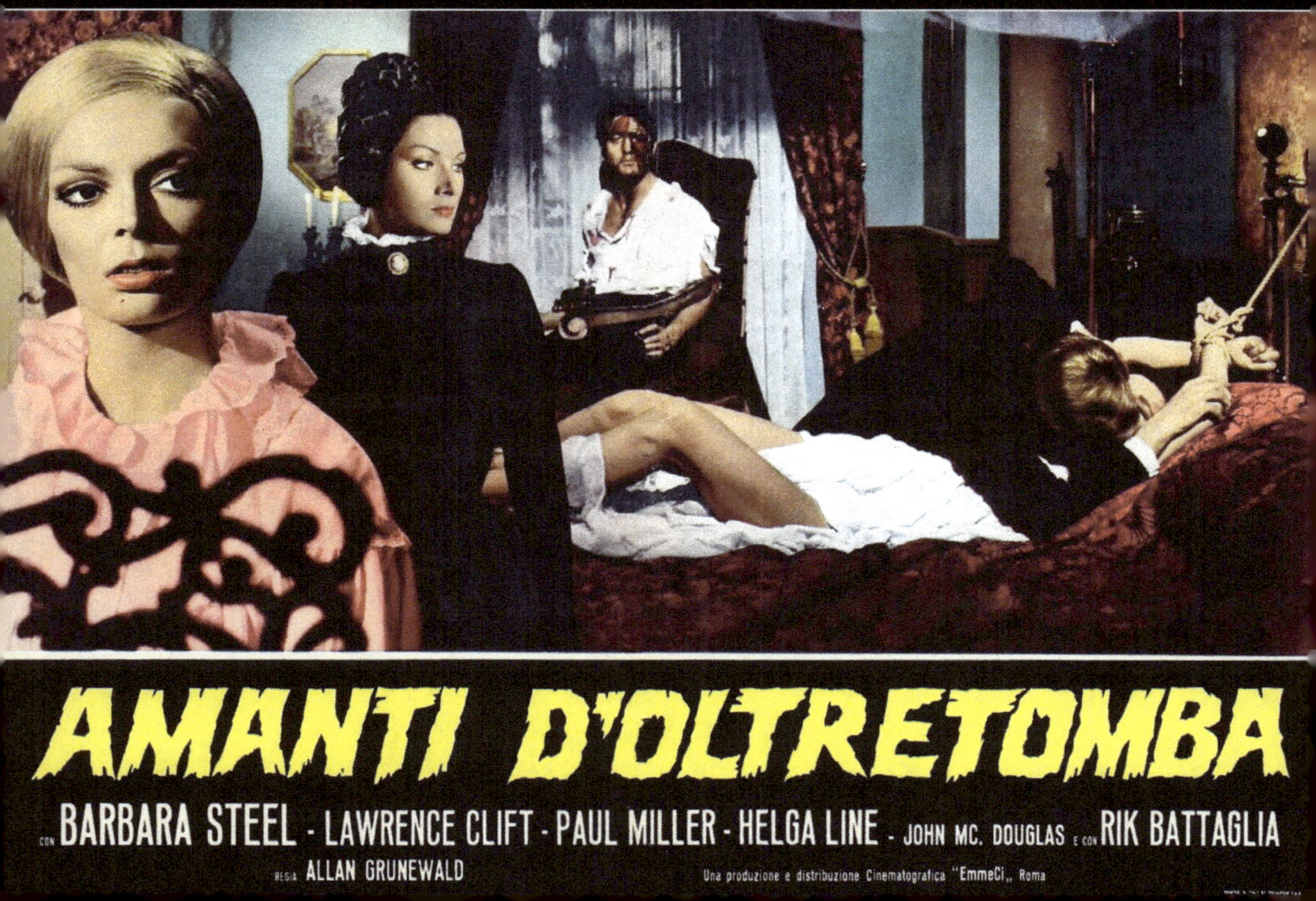
AMANTI D'OLTRETOMBA
CON BARBARA STEEL - LAWRENCE CLIFT - PAUL MILLER - HELGA LINE - JOHN MC. DOUGLAS E CON RIK BATTAGLIA
REGIA ALLAN GRUNEWALD
Una produzione e distribuzione Cinematografica "EmmeCi„ Roma

BARBARA STEELE
JOHN KARLSEN
IAN OGILVY
MEL WELLES
JAY RILEY

IL LAGO DI SATANA

REGIA DI
MICHAEL REEVES

EASTMANCOLOR - SCOPE
della **TECNOSTAMPA**

Una **Leith**-Production
realizzata da **P. M. MASLANSKI**

IL MOSTRO DI VENEZIA
("The Monster Of Venice")
Original Title: **Il Mostro Di Venezia** (Italy, 1965)

LA MASCHERA DELLA MORTE ROSSA
("The Mask Of The Red Death")
Original Title: **The Masque Of The Red Death** (USA/UK, 1964)

LE CINQUE CHIAVE DEL TERRORE
("The Five Keys Of Terror")
Original Title: **Dr. Terror's House Of Horrors** (UK, 1965)

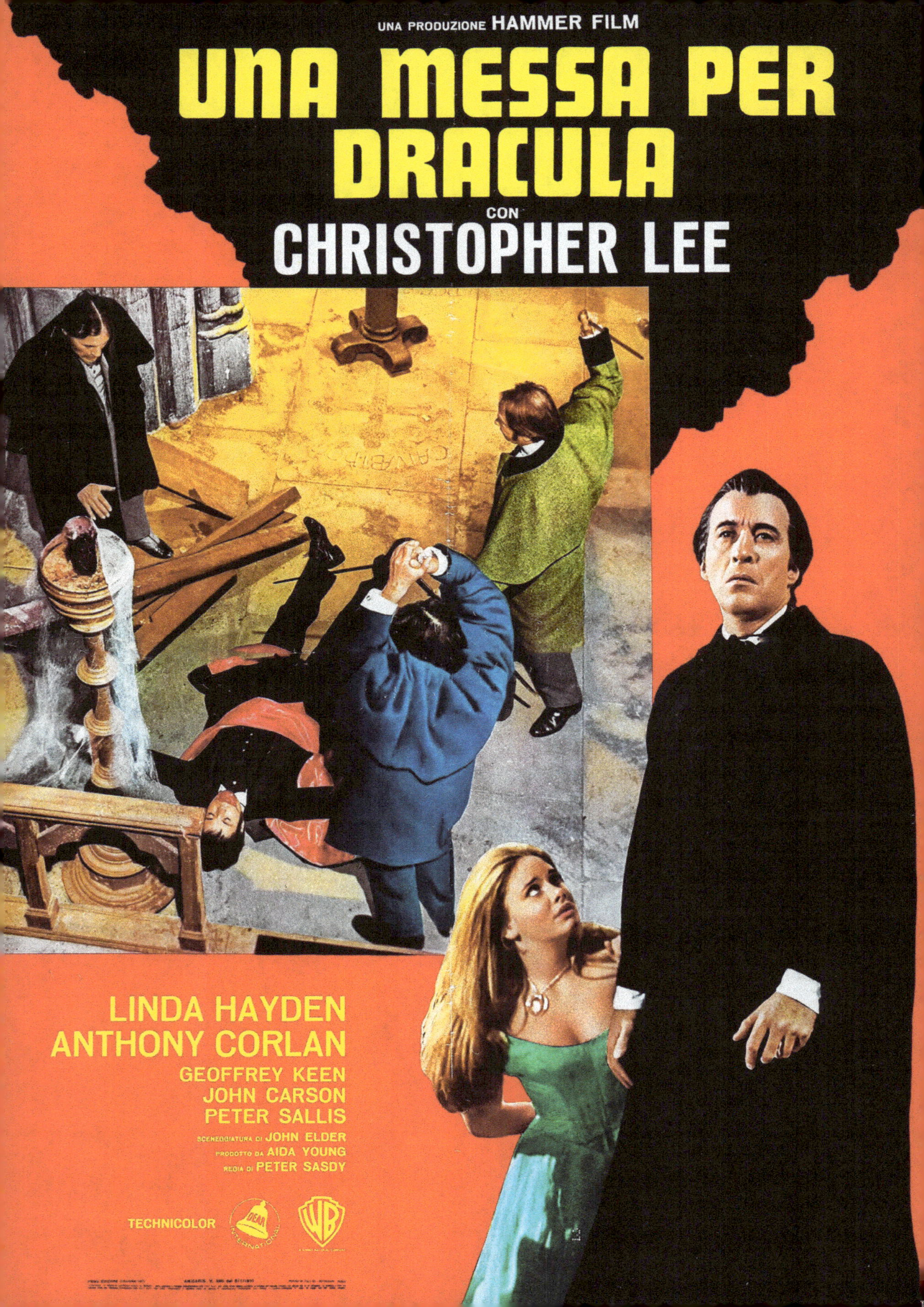

UNA PRODUZIONE HAMMER FILM

UNA MESSA PER DRACULA
CON
CHRISTOPHER LEE

LINDA HAYDEN
ANTHONY CORLAN
GEOFFREY KEEN
JOHN CARSON
PETER SALLIS

sceneggiatura di JOHN ELDER
prodotto da AIDA YOUNG
regia di PETER SASDY

TECHNICOLOR

1972: DRACULA COLPISCE ANCORA!
("1972: Dracula Strikes Again!")
Original Title: **Dracula AD 1972** (UK, 1972)

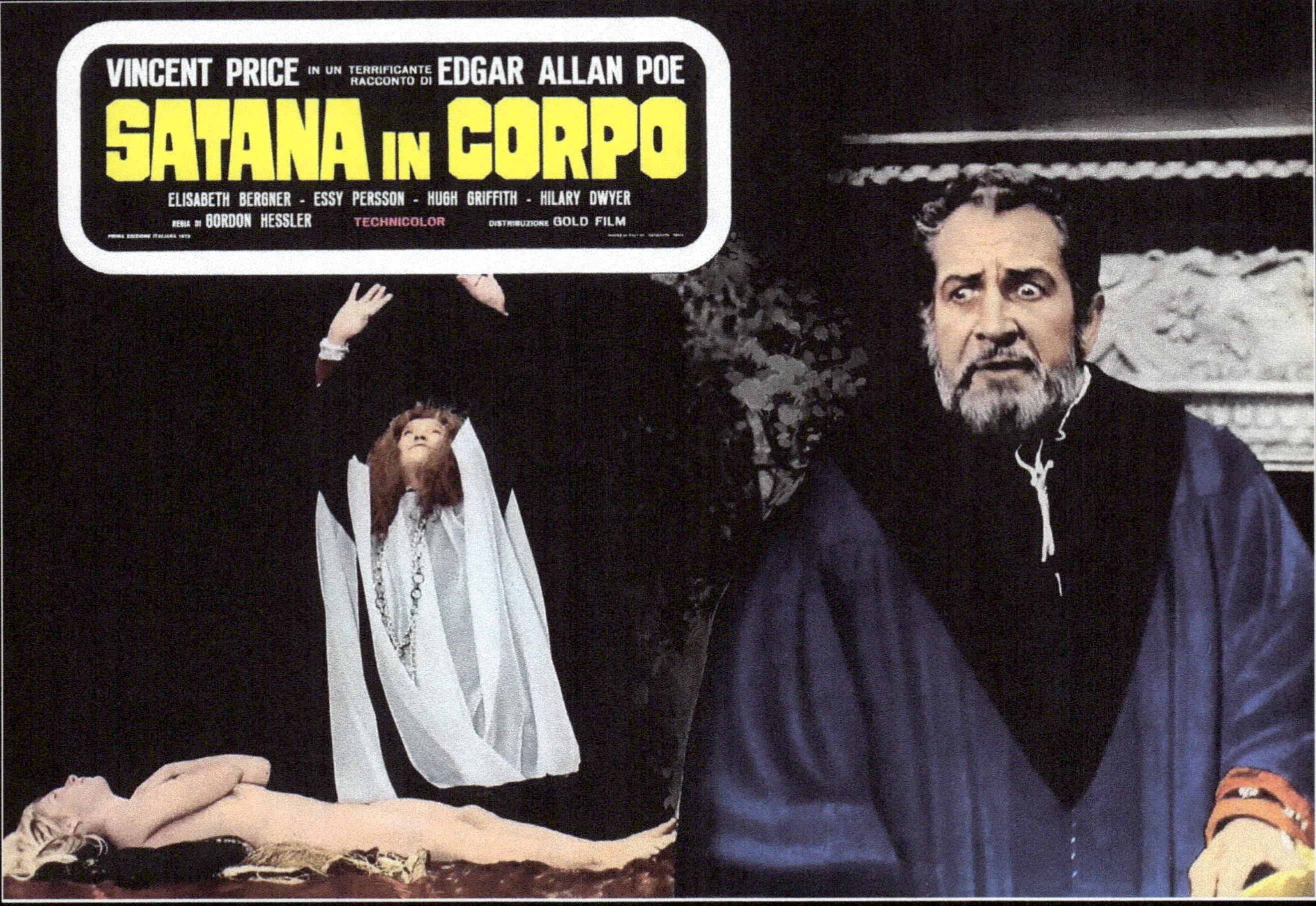
VINCENT PRICE IN UN TERRIFICANTE RACCONTO DI EDGAR ALLAN POE
SATANA IN CORPO
ELISABETH BERGNER - ESSY PERSSON - HUGH GRIFFITH - HILARY DWYER
REGIA DI GORDON HESSLER
TECHNICOLOR
DISTRIBUZIONE GOLD FILM

VINCENT PRICE IN UN TERRIFICANTE RACCONTO DI EDGAR ALLAN POE
SATANA IN CORPO
ELISABETH BERGNER - ESSY PERSSON - HUGH GRIFFITH - HILARY DWYER
REGIA DI GORDON HESSLER
TECHNICOLOR
DISTRIBUZIONE GOLD FILM

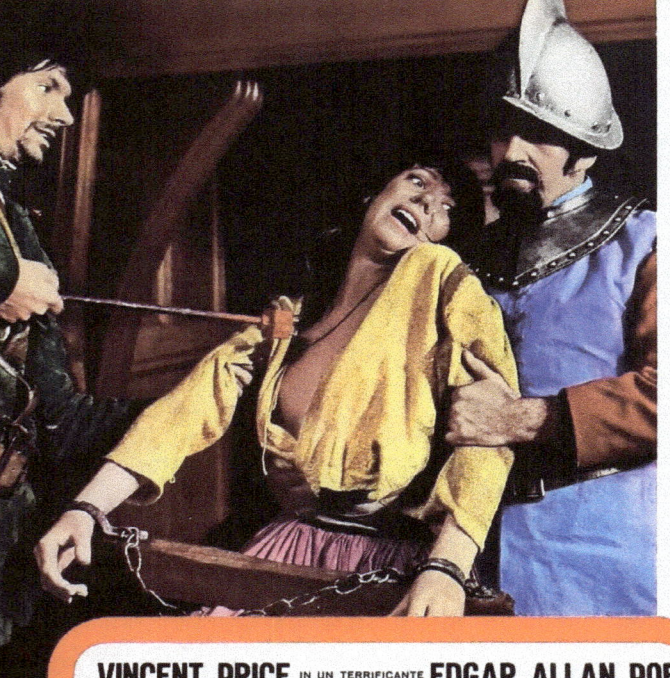

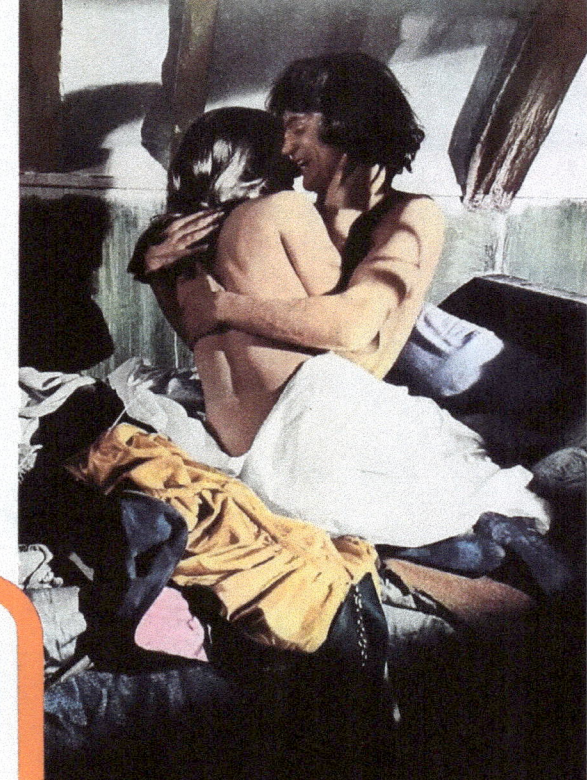

LE ABOMINEVOLE DR. PHIBES
("The Abominable Dr. Phibes")
Original Title: **The Abominable Dr. Phibes** (UK/USA, 1971)

VIOLENZA AD UNA VERGINE NELLA TERRA DEI MORTI VIVENTI
("Violence To A Virgin In The Land Of The Living Dead")
Original Title: **Le Frisson Des Vampires** (France, 1971)

L'ORGIA NOTTURNA DEI VAMPIRI
con DIANIK ZURAKOWSKA - JACK TAYLOR - CHARO SORIANO
regia LEON KLIMOVSKY
TECHNICOLOR - TECHNISCOPE
una produzione ATLANTIDA FILMS S.A.
FIDA

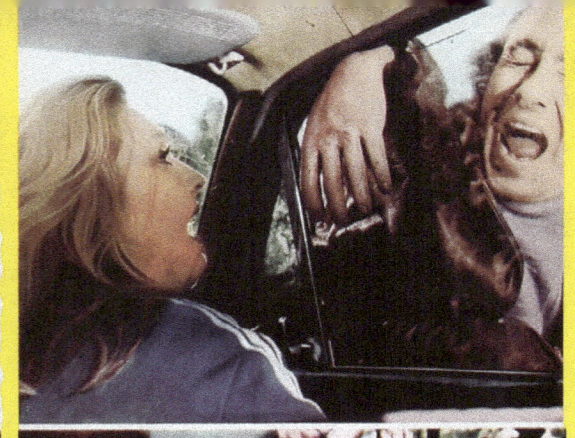

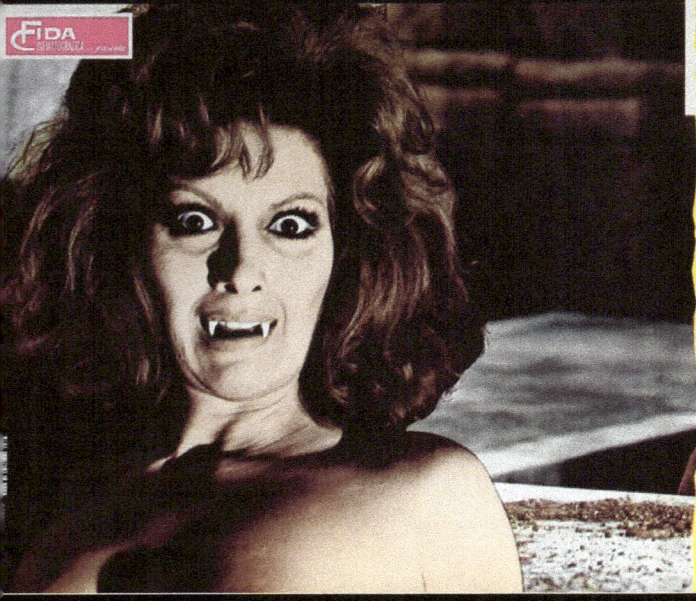

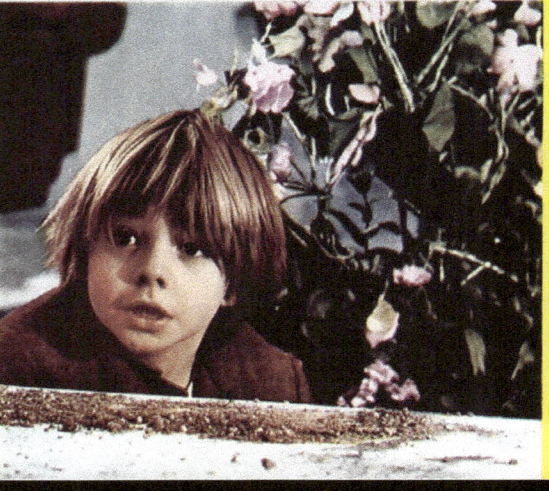

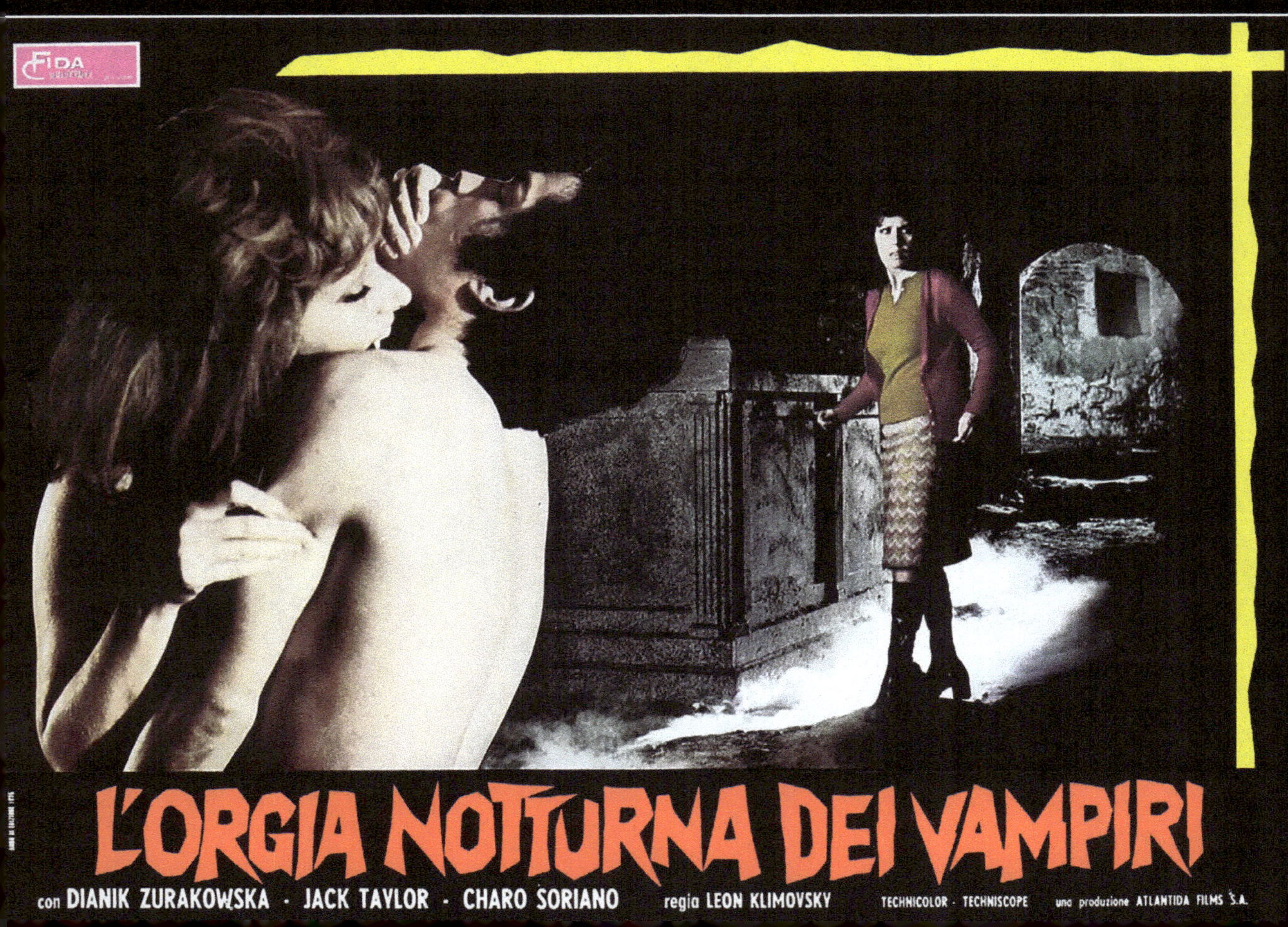
FIDA
L'ORGIA NOTTURNA DEI VAMPIRI
con DIANIK ZURAKOWSKA - JACK TAYLOR - CHARO SORIANO
regia LEON KLIMOVSKY
TECHNICOLOR - TECHNISCOPE
una produzione ATLANTIDA FILMS S.A.

LE MANIE DI MR. WINNINGER OMICIDA SESSUALE
("The Manias Of Mr. Winninger: Sex Murder")

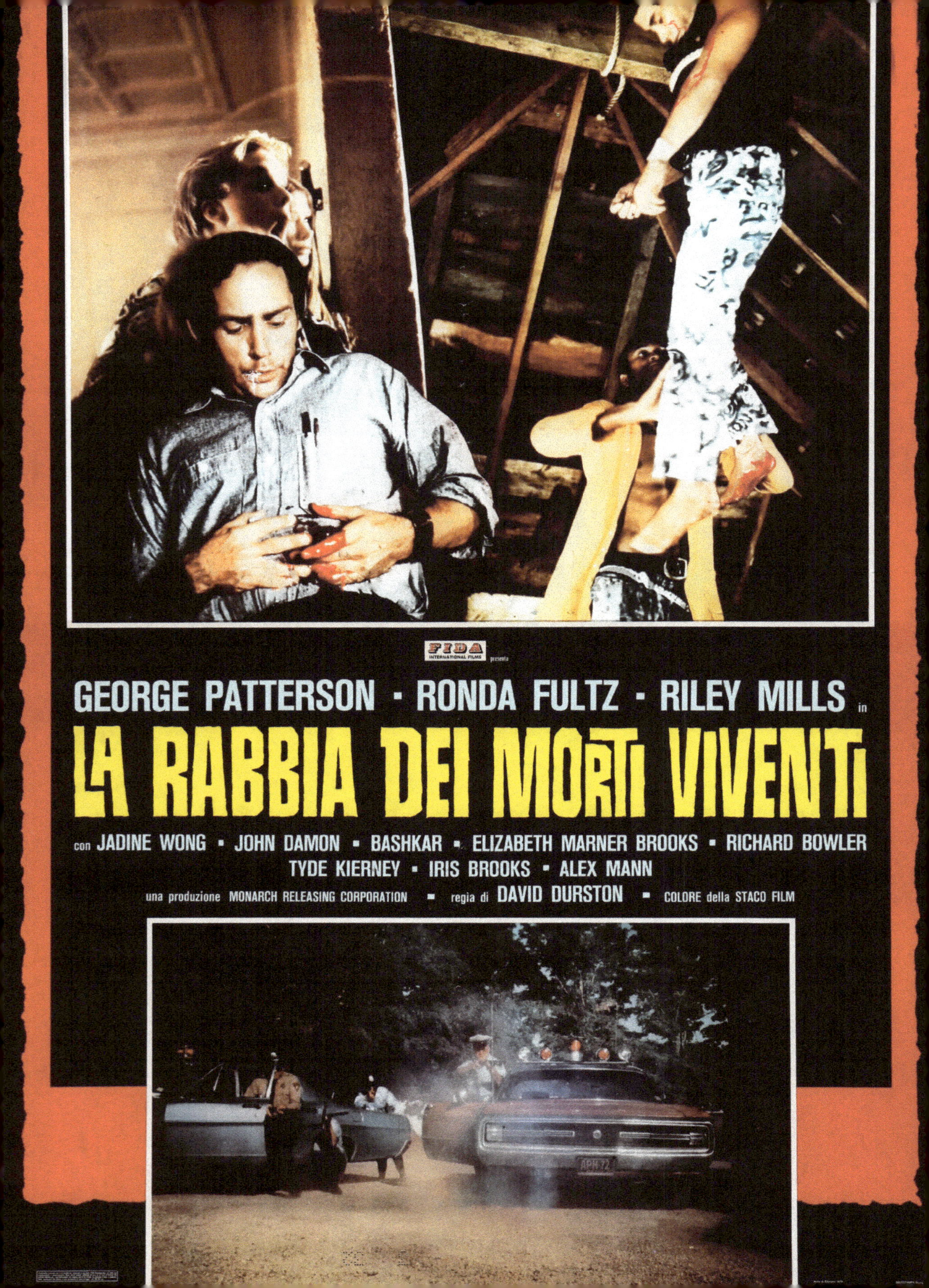
FIDA
INTERNATIONAL FILMS
presenta
GEORGE PATTERSON - RONDA FULTZ - RILEY MILLS in
LA RABBIA DEI MORTI VIVENTI
con JADINE WONG - JOHN DAMON - BASHKAR - ELIZABETH MARNER BROOKS - RICHARD BOWLER
TYDE KIERNEY - IRIS BROOKS - ALEX MANN
una produzione MONARCH RELEASING CORPORATION - regia di DAVID DURSTON - COLORE della STACO FILM

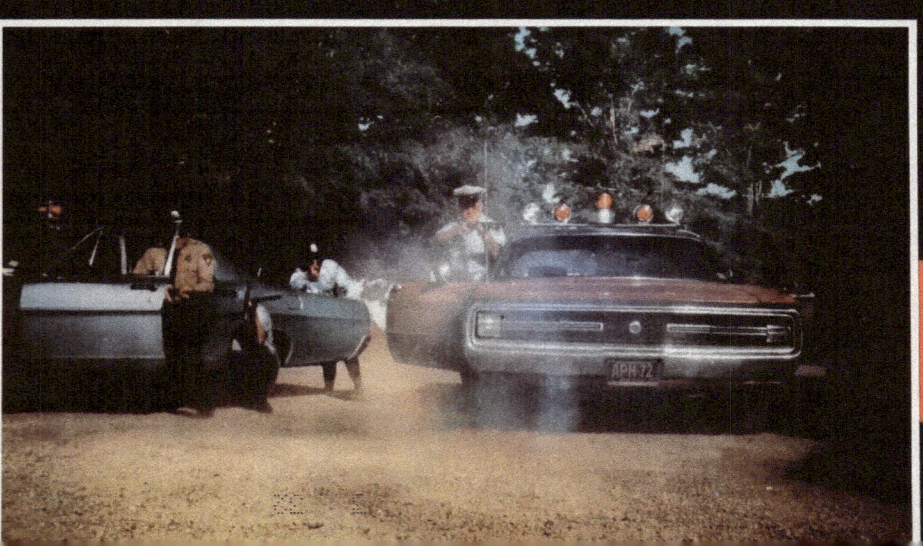

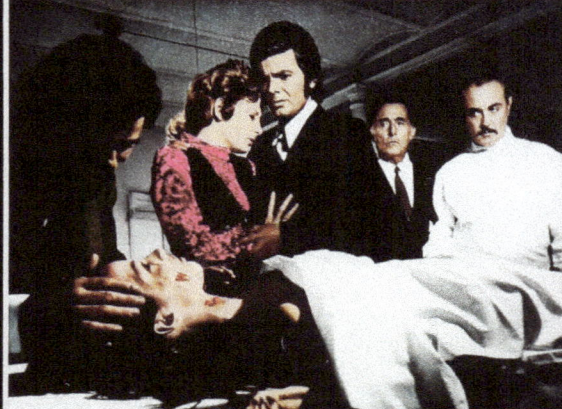

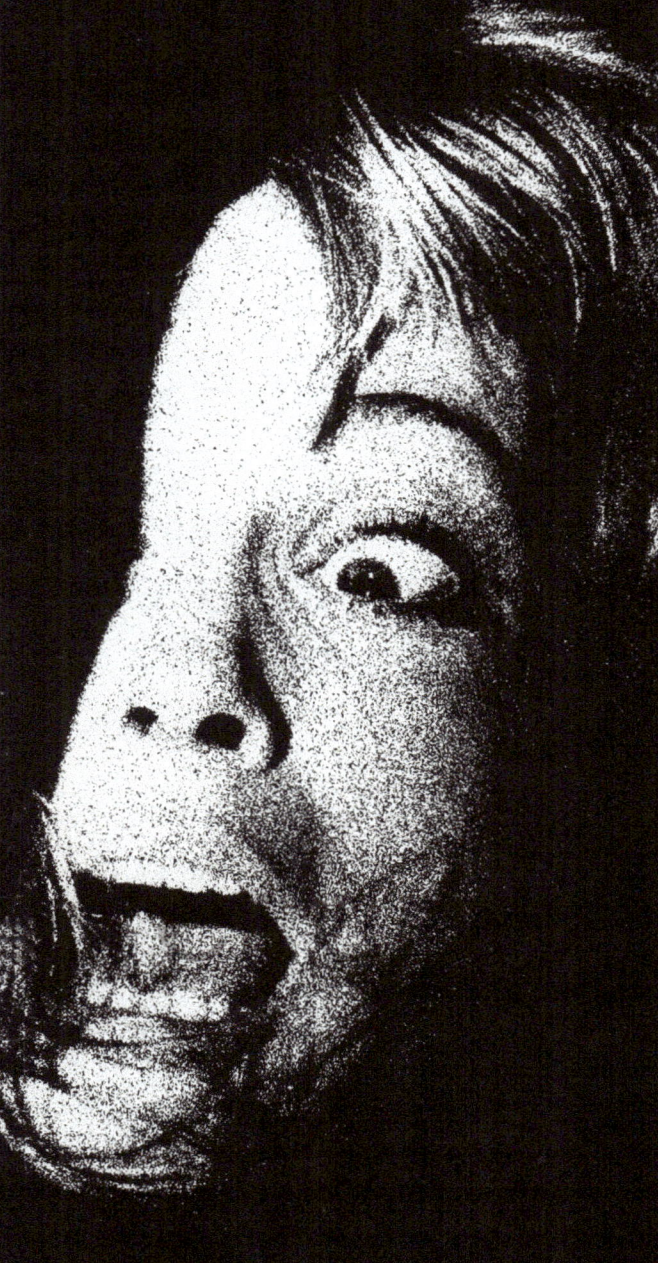

LE TOMBE DEI RESUSCITATI CIECHI

CON JOHN BURNER • HELEN HARP • BRIGITTE FLEMING • GRAY THELMAN
REGIA DI JOSEPH HARVEST

EASTMANCOLOR

LE TOMBI DEI RESUSCITATI CIECHI
("Tombs Of The Resurrected Blind")
Original Title: **La Noche Del Terror Ciego** (Spain, 1972)

SCHOCK
("Shock")
Original Title: **Schock** (Italy, 1977)

LADY FRANKENSTEIN

CON **JOSEPH COTTEN** · **ROSALBA NERI** · **PAUL MÜLLER** · **HERBERT FUX** · **PAUL WHITEMAN** · RENATA KASHE LORENZO TERZON

ADA POMETTI (C.S.C.) - ANDREA AURELI - GIANNI LOFFREDO - PIETRO MARTINOVICH - RICCARDO PIZZUTI - HERB ANDRESS - BALTIERO RISPOLI

E CON LA PARTECIPAZIONE STRAORDINARIA DI **MIKEY HARGITAY** · REGIA M. WELLS · UNA PRODUCED CONDOR INTERNATIONAL PRODUCTIONS · DISTRIBUZIONE ALEXIA CINEMATOGRAFICA · **EASTMANCOLOR**

LADY FRANKENSTEIN
("Lady Frankenstein")
Original Title: **La Figlia Di Frankenstein** (Italy, 1971)

UNA PRODUZIONE M.G.D. FILM s.r.l.
FRANKENSTEIN '80
JOHN RICHARDSON • XIRO PAPAS • RENATO ROMANO
DALILA PARKER • ANNA ODESSA
BOB FIZ • RENATA KASCE' • DADA GALLOTTI - MARISA TRAVERSI - ENRICO ROSSI - FULVIO MINGOZZI
E CON GORDON MITCHELL E CON LA PARTECIPAZIONE STRAORDINARIA DI GIGI BONOS
MUSICHE DI DANIELE PATUCCHI EDIZ. MUSICALI CAM REGIA DI MARIO MANCINI
EASTMANCOLOR - TECHNICOLOR

UNA PRODUZIONE M.G.D. FILM s.r.l.
FRANKENSTEIN '80
JOHN RICHARDSON • XIRO PAPAS • RENATO ROMANO
DALILA PARKER • ANNA ODESSA
BOB FIZ • RENATA KASCE' • DADA GALLOTTI - MARISA TRAVERSI - ENRICO ROSSI - FULVIO MINGOZZI
E CON GORDON MITCHELL E CON LA PARTECIPAZIONE STRAORDINARIA DI GIGI BONOS
MUSICHE DI DANIELE PATUCCHI EDIZ. MUSICALI CAM REGIA DI MARIO MANCINI EASTMANCOLOR - TECHNICOLOR

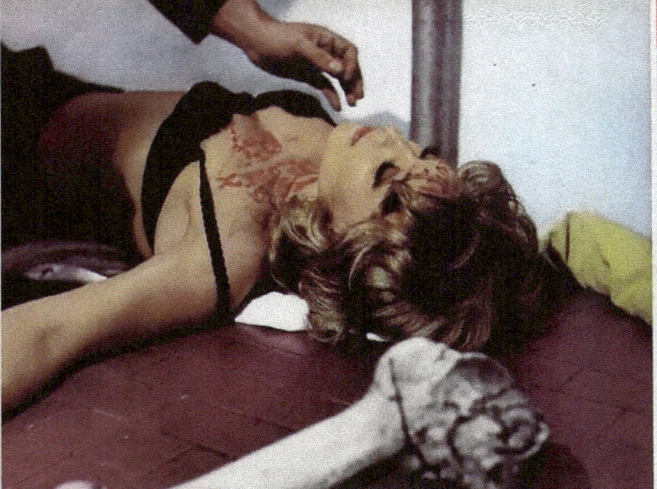

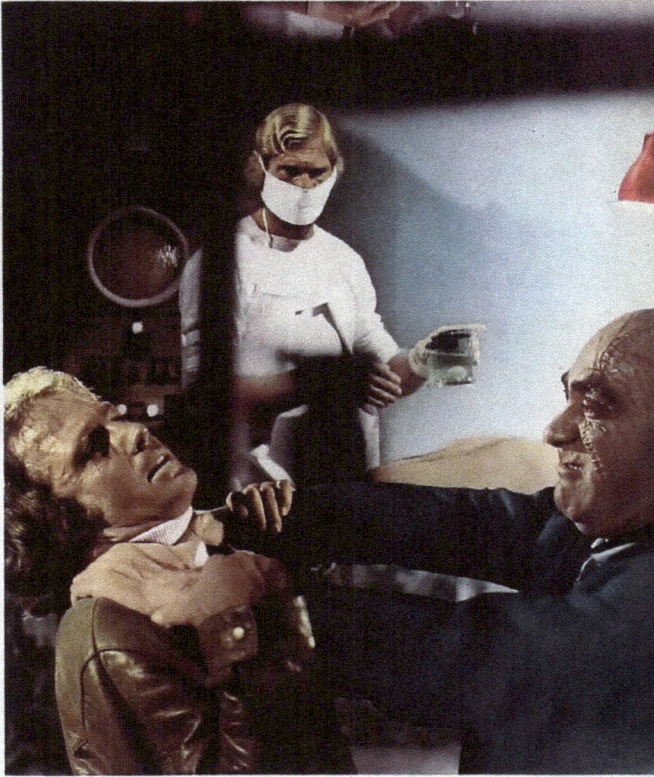

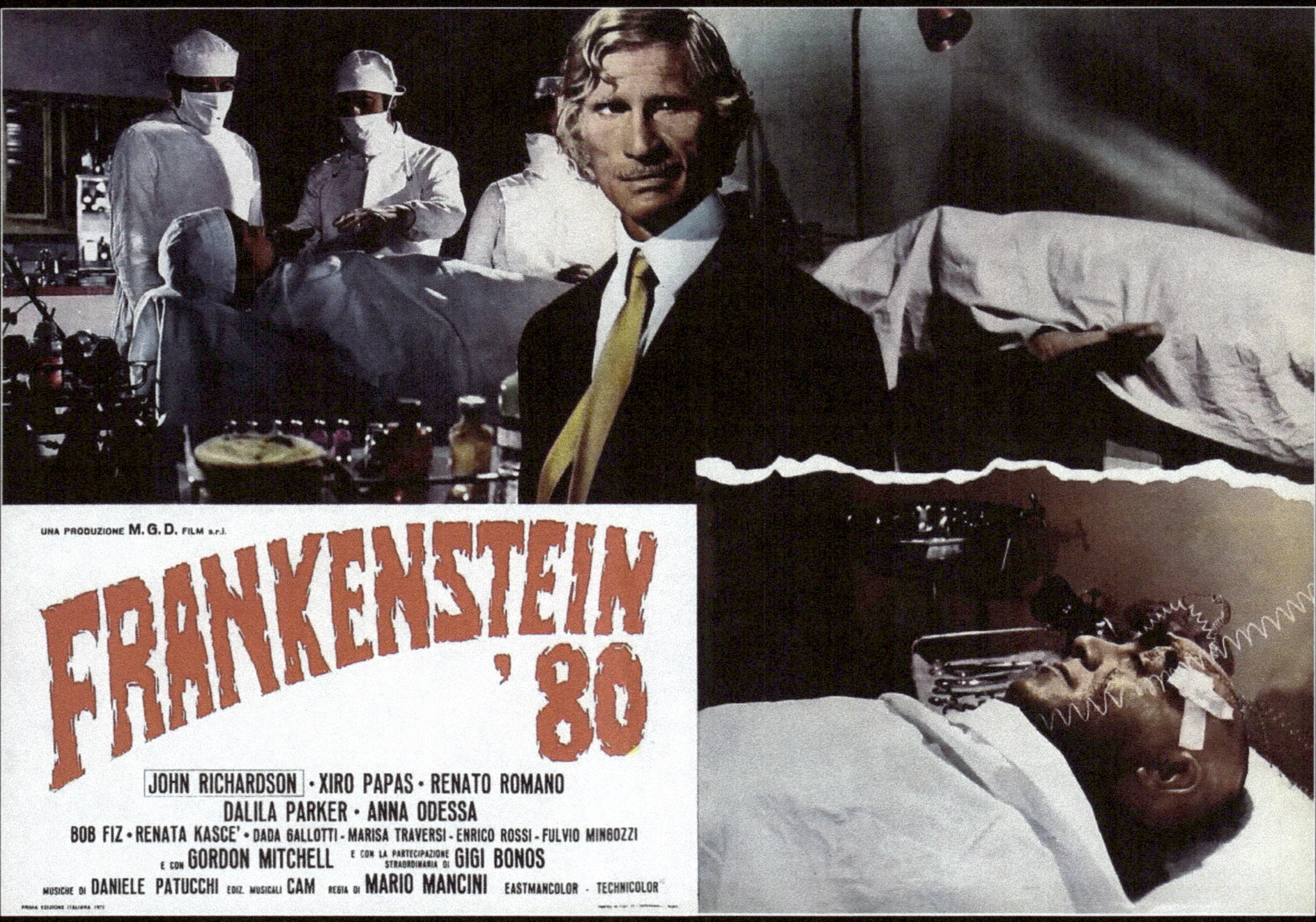

LA VENDETTA DEI MORTI VIVENTI
("Revenge Of The Living Dead")
Original Title: **La Rebelion De Las Muertas** (Spain, 1973)

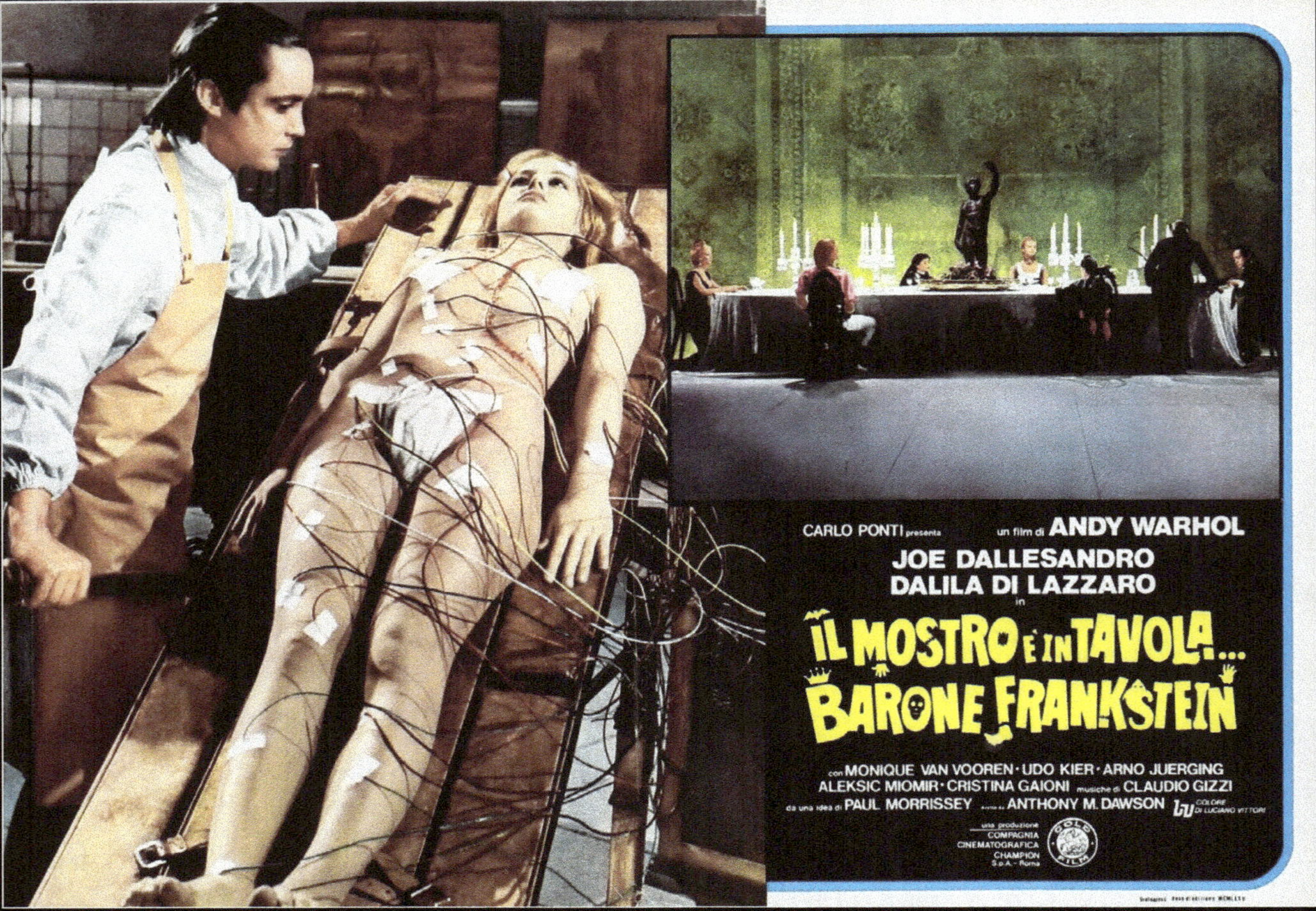
CARLO PONTI presenta
un film di ANDY WARHOL
JOE DALLESANDRO
DALILA DI LAZZARO
in
IL MOSTRO È IN TAVOLA...
BARONE FRANKSTEIN
con MONIQUE VAN VOOREN · UDO KIER · ARNO JUERGING
ALEKSIC MIOMIR · CRISTINA GAIONI musiche di CLAUDIO GIZZI
da una idea di PAUL MORRISSEY ANTHONY M. DAWSON
COLORE DI LUCIANO VITTORI
una produzione
COMPAGNIA
CINEMATOGRAFICA
CHAMPION
S.p.A. - Roma
GOLD FILM

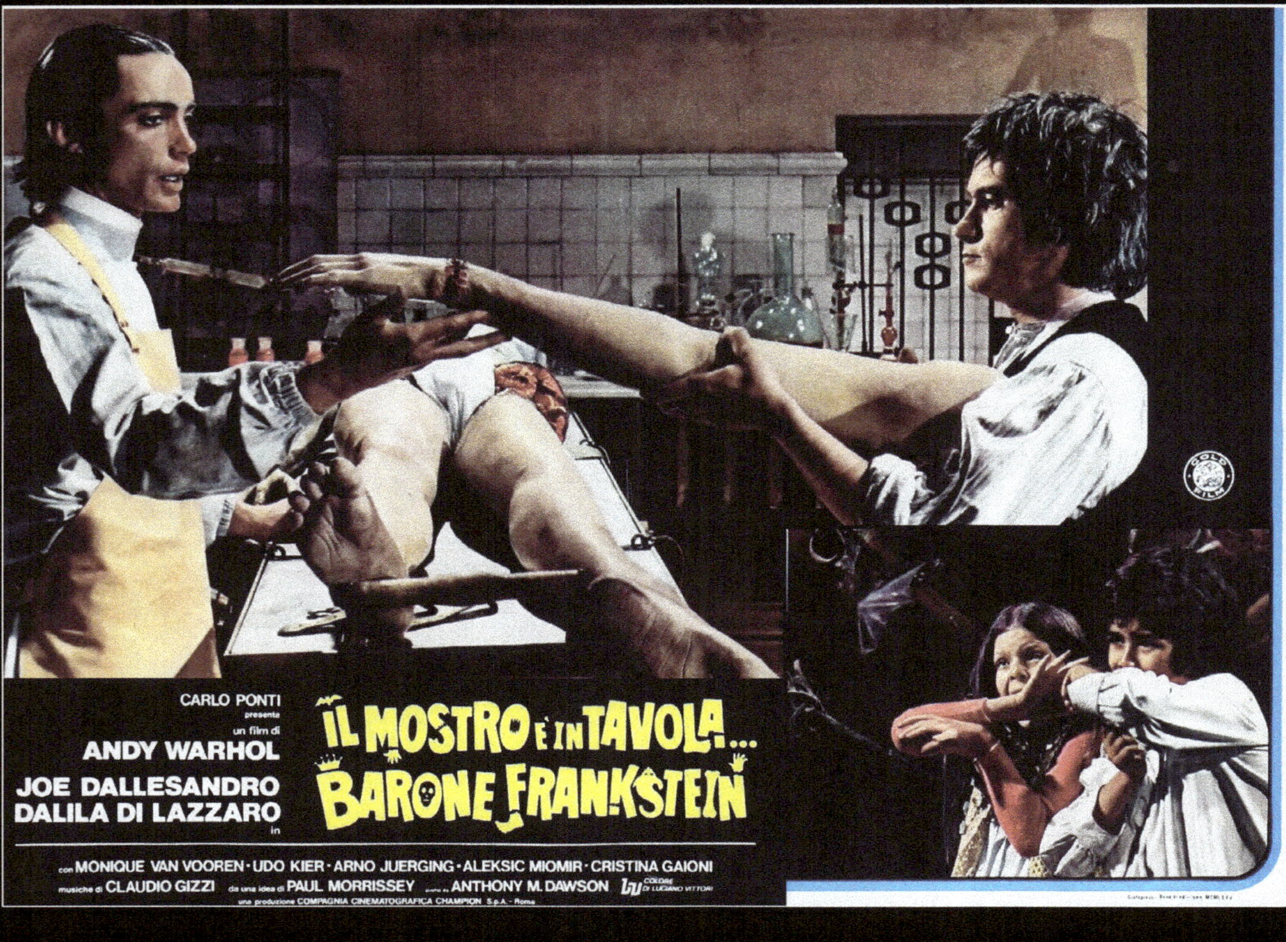
CARLO PONTI
presenta
un film di
ANDY WARHOL
JOE DALLESANDRO
DALILA DI LAZZARO
in
IL MOSTRO È IN TAVOLA...
BARONE FRANKSTEIN
con MONIQUE VAN VOOREN · UDO KIER · ARNO JUERGING · ALEKSIC MIOMIR · CRISTINA GAIONI
musiche di CLAUDIO GIZZI da una idea di PAUL MORRISSEY ANTHONY M. DAWSON
COLORE DI LUCIANO VITTORI
una produzione COMPAGNIA CINEMATOGRAFICA CHAMPION S.p.A. - Roma
GOLD FILM

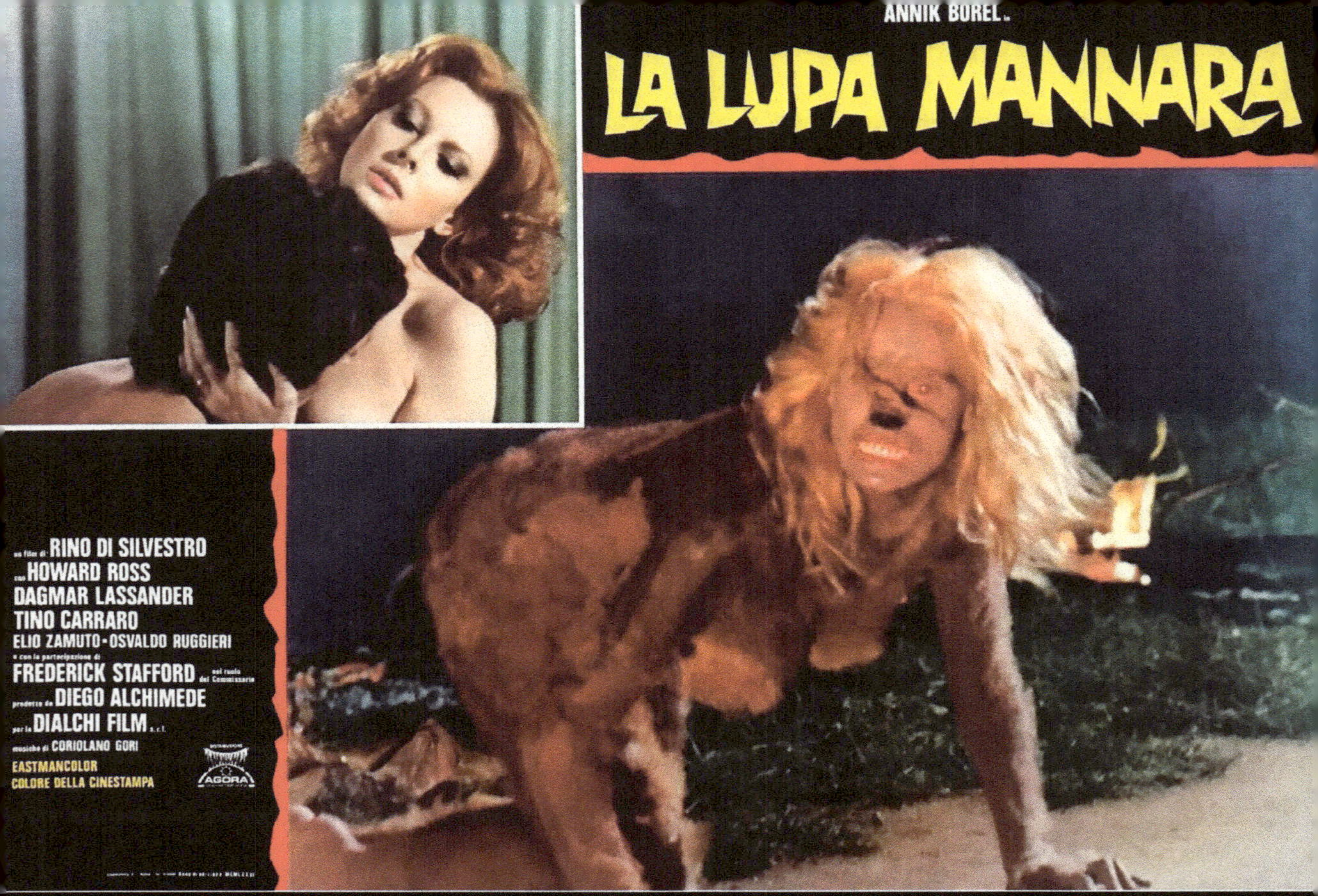
ANNIK BOREL in
LA LUPA MANNARA
un film di RINO DI SILVESTRO
con HOWARD ROSS
DAGMAR LASSANDER
TINO CARRARO
ELIO ZAMUTO - OSVALDO RUGGIERI
e con la partecipazione di
FREDERICK STAFFORD nel ruolo del Commissario
prodotto da DIEGO ALCHIMEDE
per la DIALCHI FILM s.r.l.
musiche di CORIOLANO GORI
EASTMANCOLOR
COLORE DELLA CINESTAMPA
AGORA

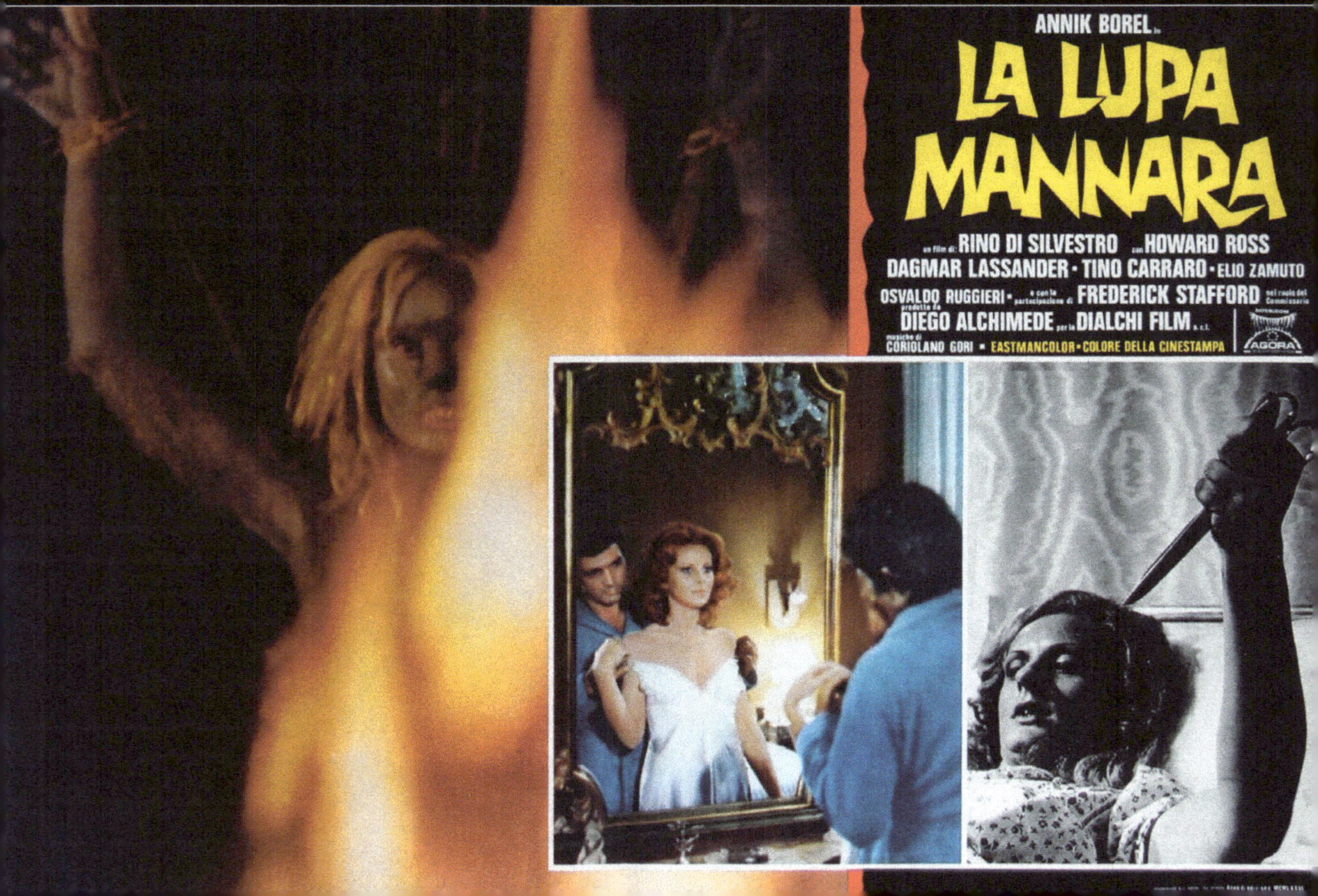
ANNIK BOREL in
LA LUPA MANNARA
un film di RINO DI SILVESTRO con HOWARD ROSS
DAGMAR LASSANDER - TINO CARRARO - ELIO ZAMUTO
OSVALDO RUGGIERI - e con la partecipazione di FREDERICK STAFFORD nel ruolo del Commissario
prodotto da DIEGO ALCHIMEDE per la DIALCHI FILM s.r.l.
musiche di CORIOLANO GORI - EASTMANCOLOR - COLORE DELLA CINESTAMPA
AGORA

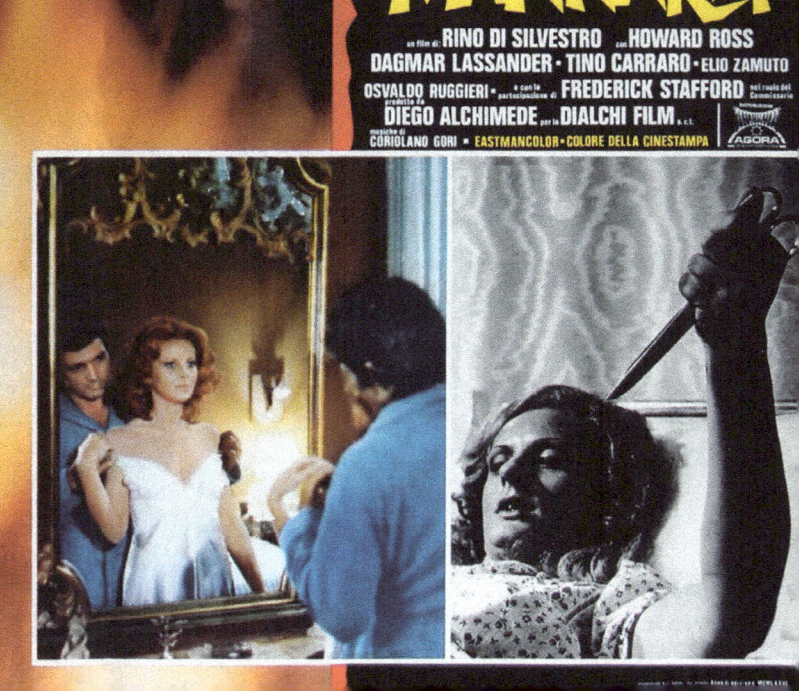

L'ESORCISTA N° 2
("The Exorcist 2")
Original Title: **Un Urlo Dalle Tenebre** (Italy, 1975)

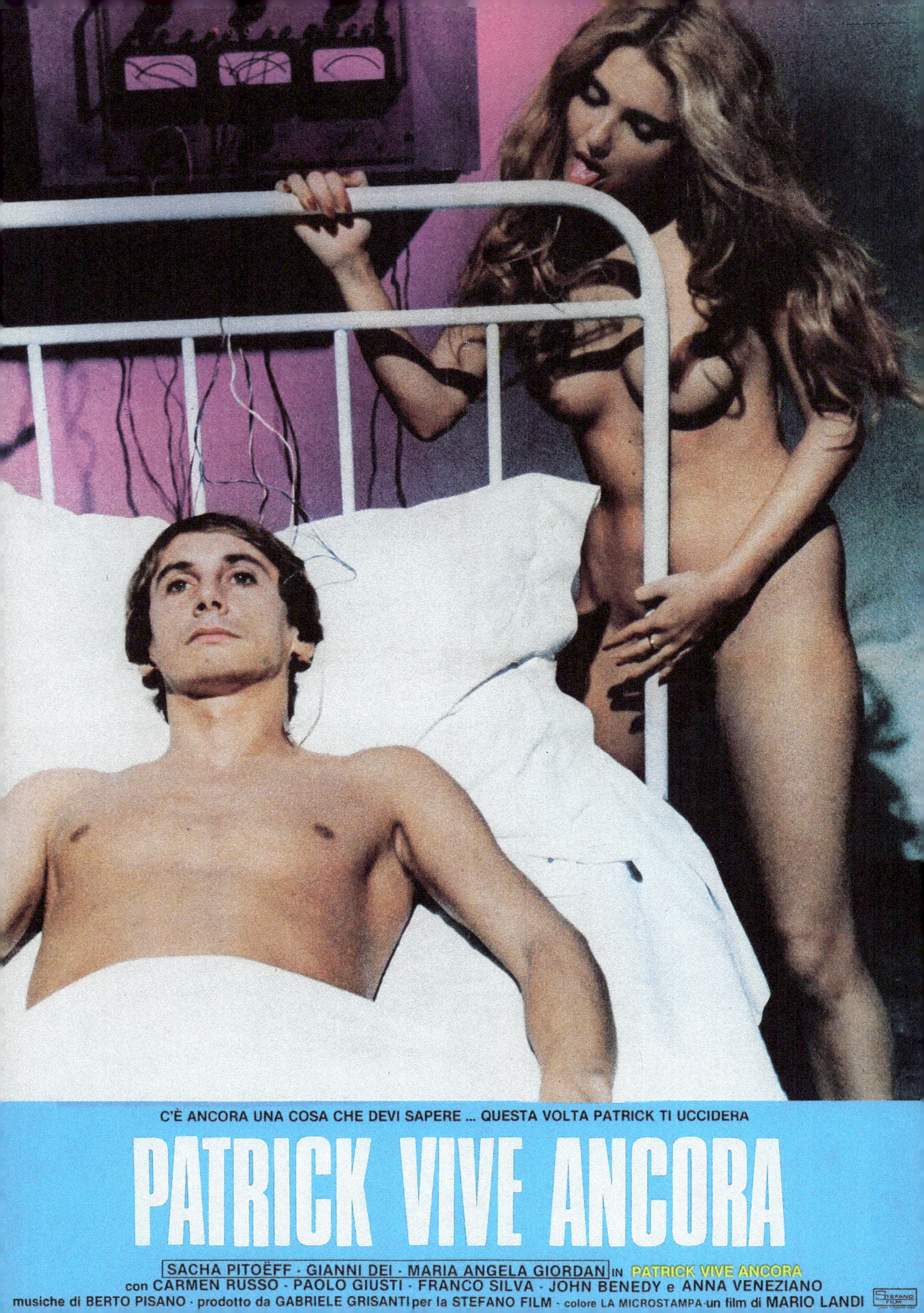
C'È ANCORA UNA COSA CHE DEVI SAPERE ... QUESTA VOLTA PATRICK TI UCCIDERA
PATRICK VIVE ANCORA
SACHA PITOËFF · GIANNI DEI · MARIA ANGELA GIORDAN IN PATRICK VIVE ANCORA
con CARMEN RUSSO · PAOLO GIUSTI · FRANCO SILVA · JOHN BENEDY e ANNA VENEZIANO
musiche di BERTO PISANO · prodotto da GABRIELE GRISANTI per la STEFANO FILM · colore LA MICROSTAMPA · un film di MARIO LANDI
STEFANO FILM

PATRICK VIVE ANCORA
("Patrick Lives Again")
Original Title: **Patrick Vive Ancora** (Italy, 1980)

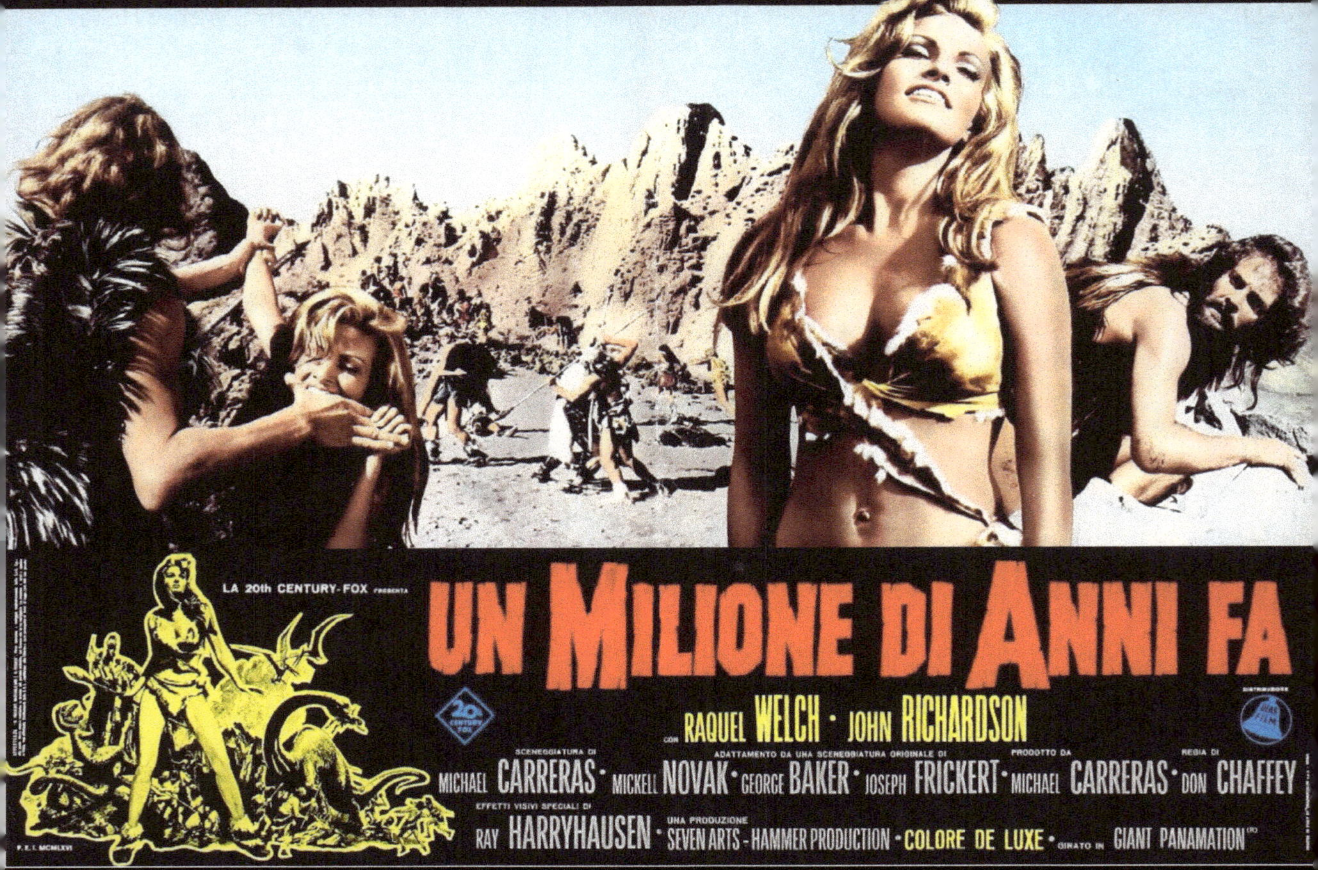
LA 20th CENTURY-FOX PRESENTA
UN MILIONE DI ANNI FA
CON RAQUEL WELCH · JOHN RICHARDSON
SCENEGGIATURA DI
MICHAEL CARRERAS ·
ADATTAMENTO DA UNA SCENEGGIATURA ORIGINALE DI
MICKELL NOVAK · GEORGE BAKER · JOSEPH FRICKERT ·
PRODOTTO DA
MICHAEL CARRERAS ·
REGIA DI
DON CHAFFEY
EFFETTI VISIVI SPECIALI DI
RAY HARRYHAUSEN ·
UNA PRODUZIONE
SEVEN ARTS - HAMMER PRODUCTION · COLORE DE LUXE · GIRATO IN GIANT PANAMATION
DISTRIBUZIONE
P.E.I. MCMLXVI

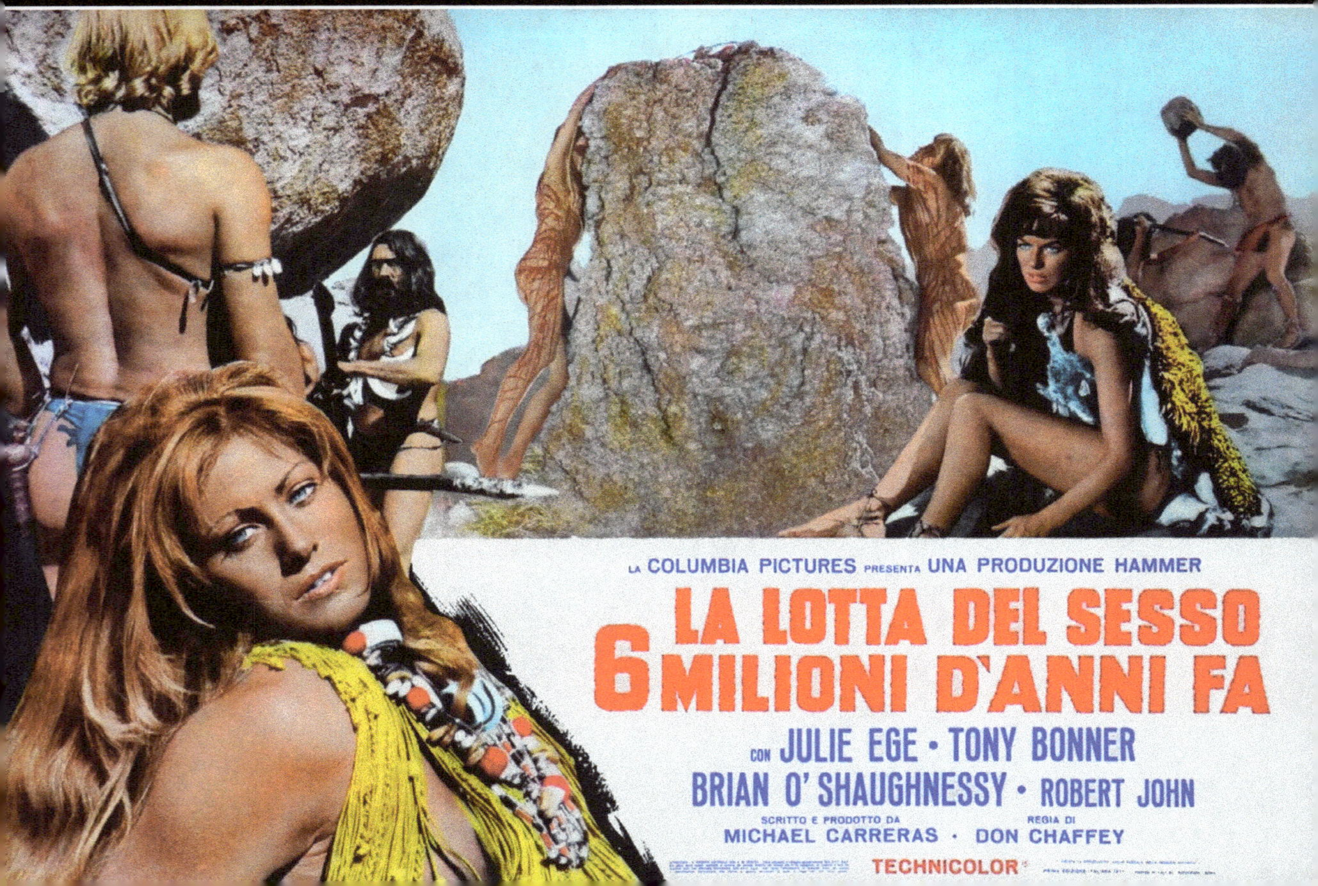
LA COLUMBIA PICTURES PRESENTA UNA PRODUZIONE HAMMER
LA LOTTA DEL SESSO
6 MILIONI D'ANNI FA
CON JULIE EGE · TONY BONNER
BRIAN O' SHAUGHNESSY · ROBERT JOHN
SCRITTO E PRODOTTO DA
MICHAEL CARRERAS ·
REGIA DI
DON CHAFFEY
TECHNICOLOR

DINOSAURUS
("Dinosaurus")
Original Title: **Dinosaurus!** (USA, 1960)

OPPOSITE PAGE (TOP):

UN MILIONE DI ANNI FA
("One Million Years Ago")
Original Title: **One Million Years B.C.** (UK, 1966)

OPPOSITE PAGE (BOTTOM):

LA LOTTA DEL SESSO 6 MILIONI D'ANNI FA
("The Fight For Sex 6 Million Years Ago")
Original Title: **Creatures the World Forgot** (UK, 1971)

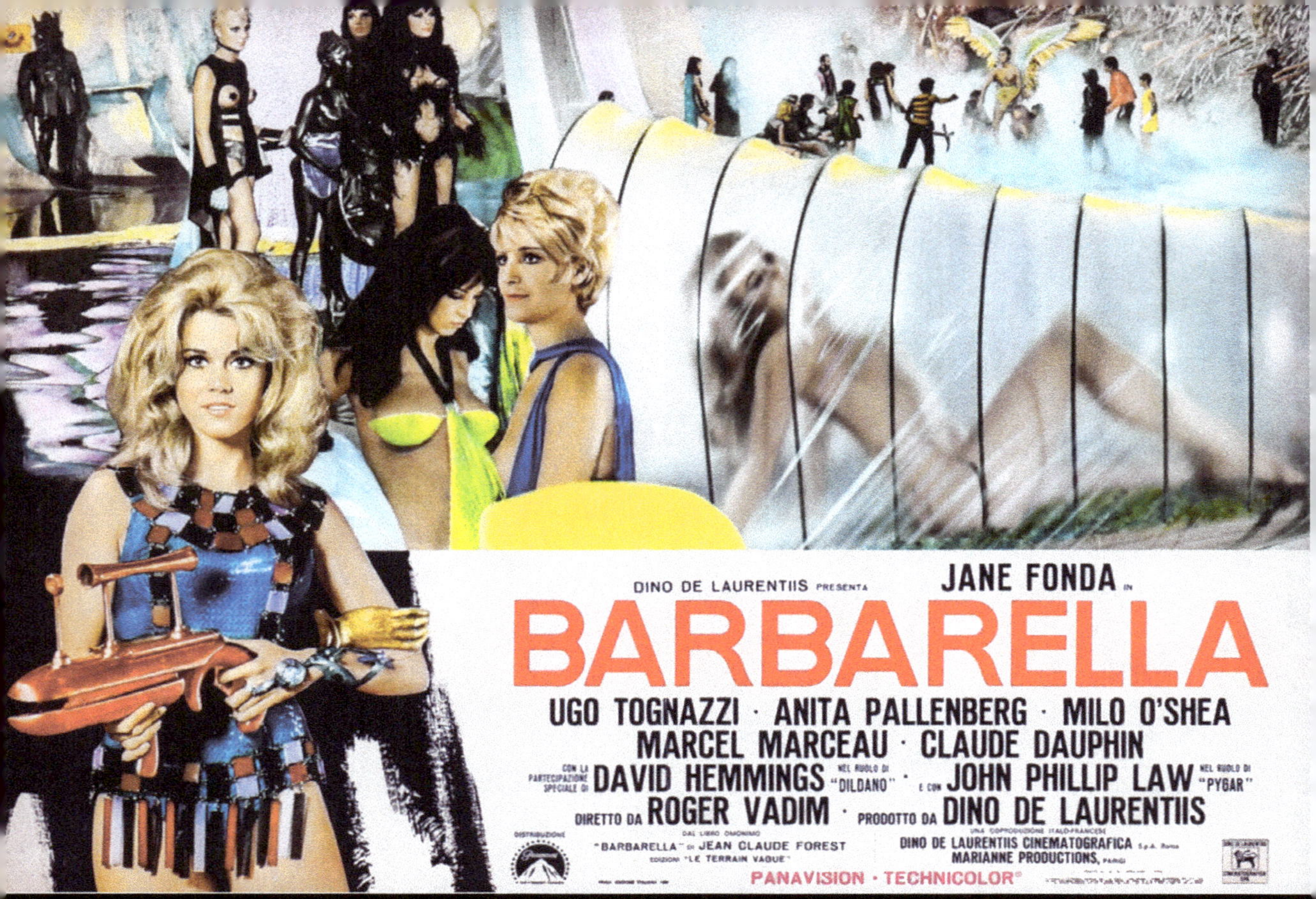
DINO DE LAURENTIIS PRESENTA
JANE FONDA IN
BARBARELLA
UGO TOGNAZZI · ANITA PALLENBERG · MILO O'SHEA
MARCEL MARCEAU · CLAUDE DAUPHIN
CON LA PARTECIPAZIONE SPECIALE DI DAVID HEMMINGS NEL RUOLO DI "DILDANO" · E CON JOHN PHILLIP LAW NEL RUOLO DI "PYGAR"
DIRETTO DA ROGER VADIM · PRODOTTO DA DINO DE LAURENTIIS
DISTRIBUZIONE
DAL LIBRO OMONIMO "BARBARELLA" DI JEAN CLAUDE FOREST EDIZIONI "LE TERRAIN VAGUE"
UNA COPRODUZIONE ITALO-FRANCESE DINO DE LAURENTIIS CINEMATOGRAFICA S.p.A. Roma
MARIANNE PRODUCTIONS, PARIGI
PANAVISION · TECHNICOLOR®

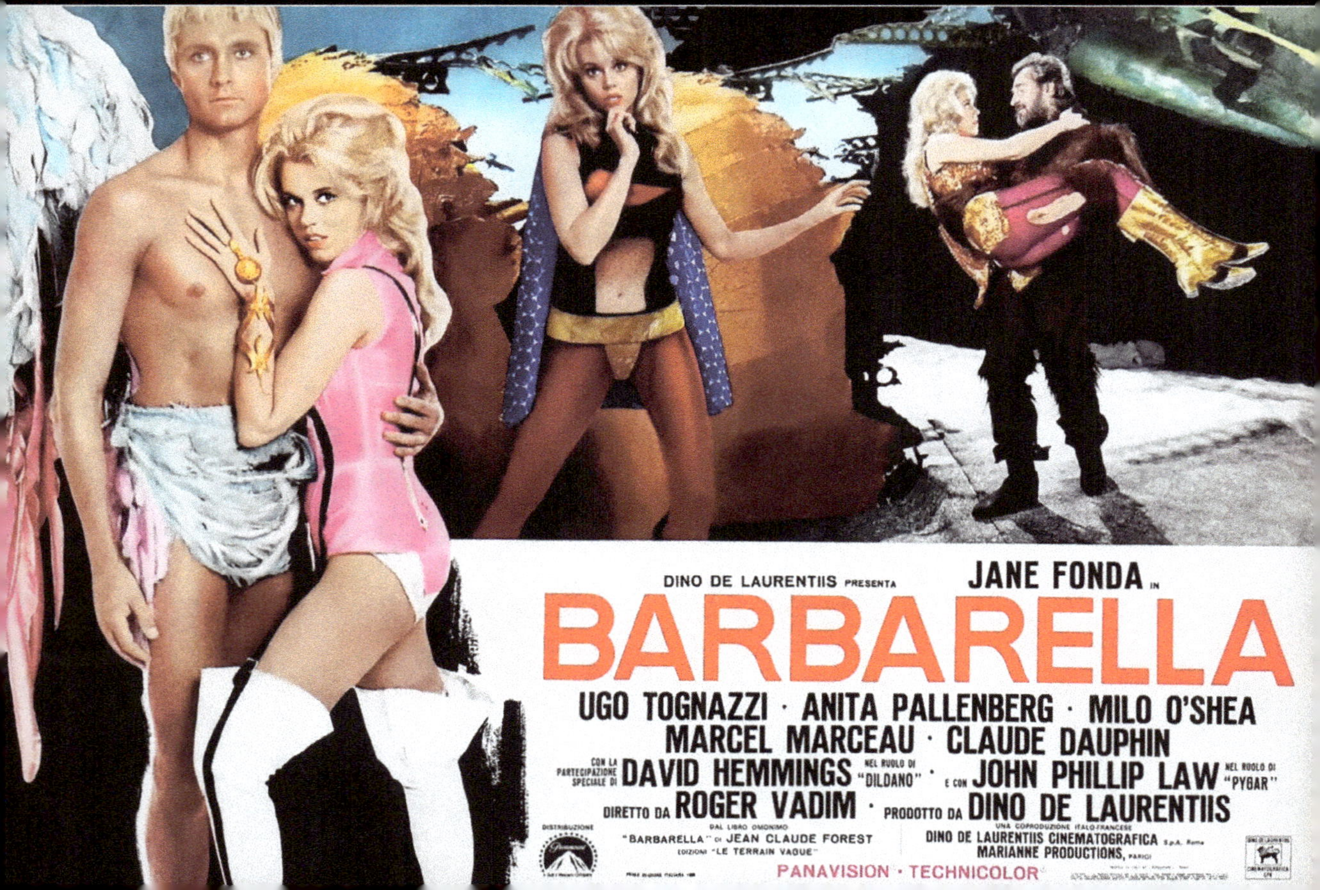
DINO DE LAURENTIIS PRESENTA
JANE FONDA IN
BARBARELLA
UGO TOGNAZZI · ANITA PALLENBERG · MILO O'SHEA
MARCEL MARCEAU · CLAUDE DAUPHIN
CON LA PARTECIPAZIONE SPECIALE DI DAVID HEMMINGS NEL RUOLO DI "DILDANO" · E CON JOHN PHILLIP LAW NEL RUOLO DI "PYGAR"
DIRETTO DA ROGER VADIM · PRODOTTO DA DINO DE LAURENTIIS
DISTRIBUZIONE
DAL LIBRO OMONIMO "BARBARELLA" DI JEAN CLAUDE FOREST EDIZIONI "LE TERRAIN VAGUE"
UNA COPRODUZIONE ITALO-FRANCESE DINO DE LAURENTIIS CINEMATOGRAFICA S.p.A. Roma
MARIANNE PRODUCTIONS, PARIGI
PANAVISION · TECHNICOLOR®

SPERMULA
("Spermula")
Original Title: **Spermula** (France, 1976)

FILM POSTER COLLECTIONS FROM G.H. JANUS

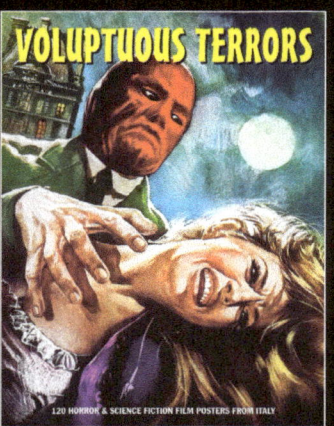

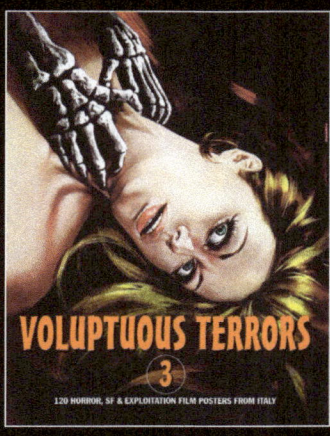

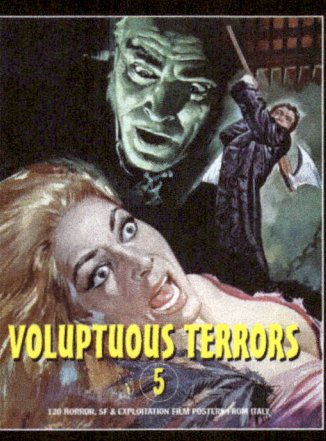

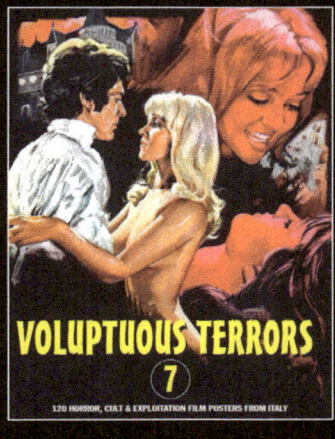
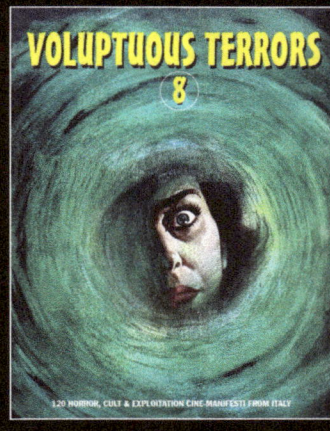
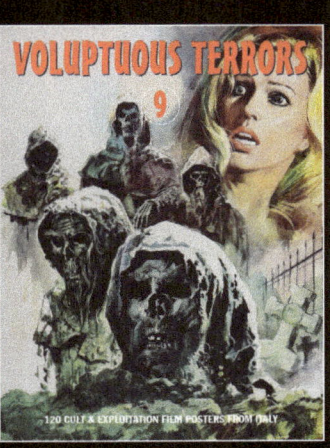
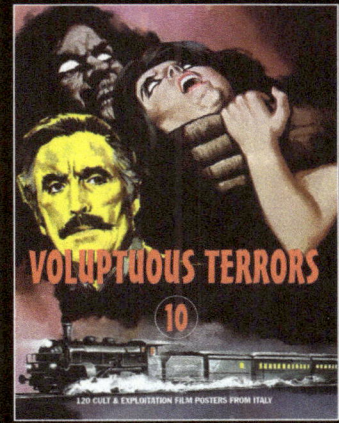
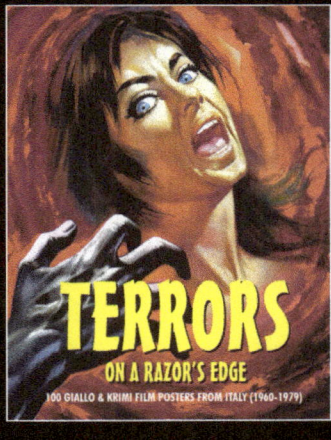

FILM POSTER COLLECTIONS FROM G.H. JANUS

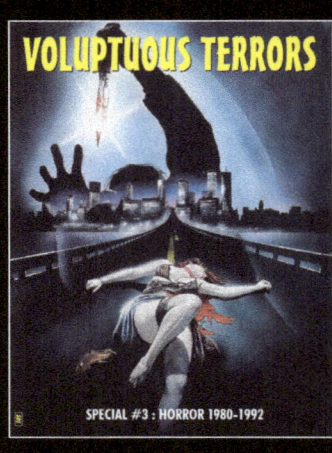
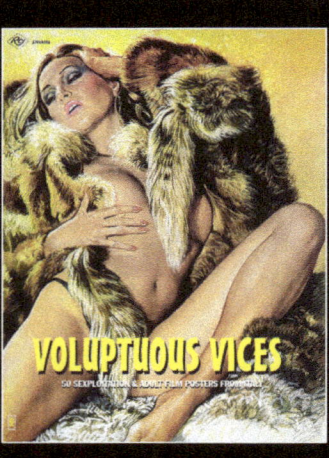
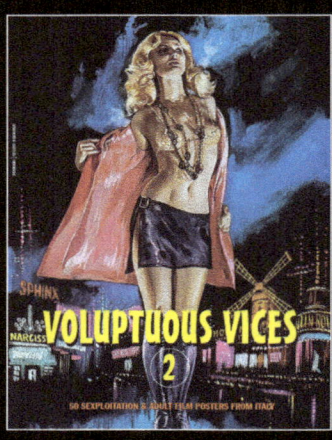
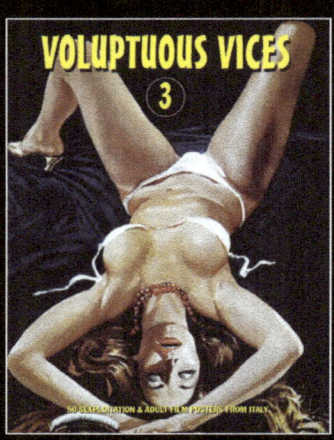
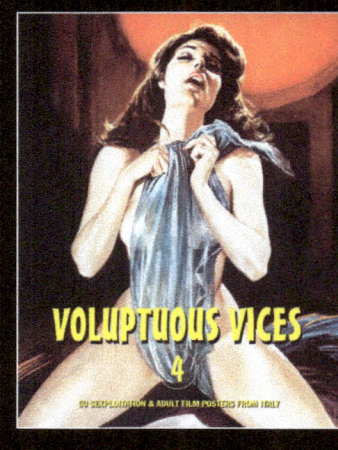
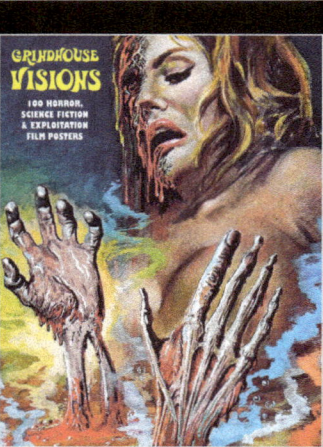
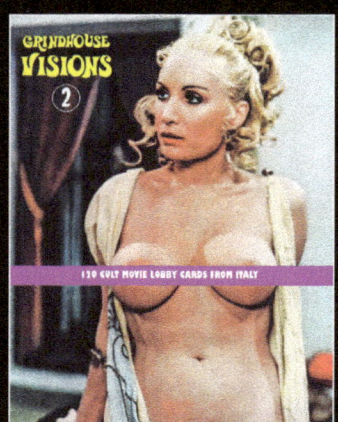
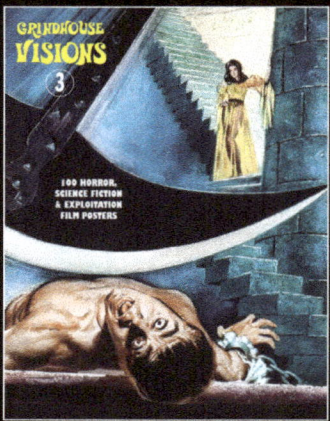

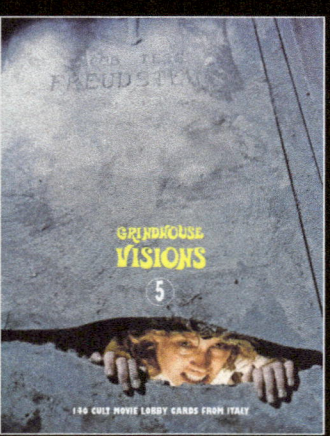